生命物语

王 慧 编著

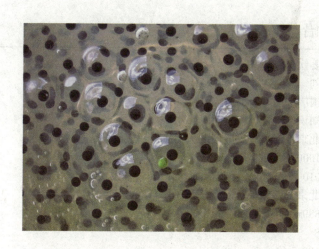

知识出版社

图书在版编目（ＣＩＰ）数据

生命物语 / 王慧编著 . -- 北京 ：知识出版社，
2016.5
（科学手拉手）
ISBN 978-7-5015-9111-4

Ⅰ . ①生… Ⅱ . ①王… Ⅲ . ①科学知识—青少年读物
Ⅳ . ① Z228.2

中国版本图书馆 CIP 数据核字（2016）第 106131 号

生命物语

出 版 人	姜钦云
责任编辑	刘 盈
装帧设计	国广中图
出版发行	知识出版社
地 址	北京市西城区阜成门北大街 17 号
邮 编	100037
电 话	010-88390659
印 刷	北京一鑫印务有限责任公司
开 本	889mm×1194mm 1/16
印 张	8
字 数	100 千字
版 次	2016 年 5 月第 1 版
印 次	2020年2月第2次印刷
书 号	ISBN 978-7-5015-9111-4

定 价 29.80 元

    人们通常将种类繁多、千姿百态的生命世界分为三大类，即微生物、植物和动物。

    我们看不到微生物，它们却时刻与我们亲密接触：一张流通的纸币上有30万~3 700万个微生物，就像一个微生物"王国"。天涯海角，到处都是微生物的家。

    "千里莺啼绿映红""百般红紫斗芳菲"，我们身处一个五彩缤纷的绿色世界：辽阔的原野，绿草如茵；雄伟的山峦，层林如海；繁华的都市，百花争艳……

    "海阔凭鱼跃，天高任鸟飞"，我们的地球又是一座动物的乐园：蛙鸣蝉噪，蜂狂蝶乱；莺歌燕舞，虎啸狮吼；鹰击长空，鱼翔浅底；老马识途，龟鹤遐寿；虎视眈眈，鹬蚌相争……

    这样生机勃勃的场景，变化万千，令人流连忘返。

目　录

人眼中的生命世界

显微镜下的世界

植物的一生

动物的智慧

遗传与变异

人眼中的生命世界

亲爱的朋友，当你对生命世界的千姿百态赞不绝口的时候，你思考过"生命是什么"吗？

你也许会从活力四射的生命景观中感悟到："生命"是世界上最奇妙、最迷人的自然现象；你的脑海里，可能会浮现出具有新陈代谢、生长发育、遗传变异、传宗接代、知冷暖、懂温饱、分敌友等特征的一个个动物、植物和肉眼难见的微生物的生动形象。

然而，具体地说，"生命"究竟是什么呢？如果你请教的是一位生理学家，他很可能会说，"生命"是会呼吸、进食和排泄，能运动、生长和繁殖的系统；如果你拜访的是一位生物化学家，他也许会说，"生命"是核酸和蛋白质构成的系统；如果你遇上的是一位遗传学家，他大概会说，"生命"是通过遗传、变异和自然选择而进化的系统；倘若你遇上的是一位物理学家，你就会得到另外的答案："生命"是一个开放系统，这个系统会不断地与周围环境交换物质和能量，一旦这个交换过程停止了，死亡也就悄然而至了。

人们对生命本质的探索和认识，经历了由整体到部分、由宏观到微观、由现象到本质的逐渐深化过程，至今尚未找到最终的答案。

因此，科学家认为，到目前为止"生命"仍是一个很难给出确切定义的现象，可能是这个世界上最不明确的东西了。

植物是吃什么长大的

植物从它生长时开始，就一直在吃东西，也就是吸收养分。

300多年前，比利时有个爱动脑筋的人，名叫赫尔蒙。一天，他外出郊游，见到路旁的树木青翠欲滴、长势喜人。他想："这些植物是吃什么东西长大的呢？那些东西又是从何而来的呢？"

赫尔蒙决定动手做个实验。他在一个大瓦钵里装了90千克烘干的泥土，然后用水淋湿，插进一段2.25千克重的柳条。栽插后，他把瓦钵用铁板盖好，只留出一些通气孔，除了每天淋水外，什么肥料也不加，连灰尘也不大容易进去。5年以后，柳条长成了柳树。他把这棵柳树挖了出来，小心地去掉根上的泥土，然后称了一下，柳树重76.5千克，比原来的柳条重了33倍。这时瓦钵里的泥土仍是满满的，他把泥土取出，烘干后过秤，只比原来少了100克。90千克只少了100克，当然是微不足道的，于是他断定，柳树是吃水长大的。

赫尔蒙的结论对不对呢？当时许多人对此是深信不疑的。后来有人对这个答案产生了怀疑。这个人用化学分析的方法，发现柳树增加的物质中，有很大一部分是碳元素，而碳显然不是从水里来的，因为水是氢和氧的化合物。因而，有人设想，柳树增加的物质也许来自空气，因为空气中有碳的化合物——二氧化碳。于是，又有人根据这个设想，做

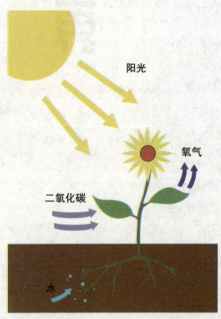

阳光

氧气

二氧化碳

水

植物生长需要空气、水，以及土壤中的营养
图片作者：At09kg

了一个实验：把柳树栽种在温室里，只要把室内的二氧化碳全部排除掉，柳树便停止生长；把二氧化碳放进去，柳树又开始生长。所以，这个人认定，植物是吃二氧化碳长大的。

植物除了吃二氧化碳之外，自然还要喝水。离开了水，植物是没法活下去的。如果你把一株植物放在阳光下晒干，那么这株植物就会失去80%~90%的重量。剩下来的干物质是什么呢？有人把它放在碟子里用火烧，烧后再一称，它的重量又减少了很多，大部分东西变成二氧化碳、氮气和水蒸气跑掉了，只剩下少量的灰，大约占干物质重量的5.5%。这些灰虽然很少，却含有多种元素，如磷、钾、钙、铁、镁、硫，还有少量的硼、锰、铜、锌等。

有一个学者叫诺浦，他经过多次实验，给植物配制了一种营养液。这种营养液是由2克硝酸钙、0.5克硝酸钾、0.5克硫酸镁、0.5克磷酸钾、7千克水和几滴含铁的化学药品组成的。植物生活在这种营养液中，不但长得很好，而且照样开花结果。原来，这些药品中含有7种元素：氮、磷、钾、铁、镁、硫、钙，再加上构成水的氢和氧，还有二氧化碳中的碳，加起来恰好是10种。这就是植物生长必需的10种元素，也就是植物要吃的食物。

博物馆里的枪声

有一家博物馆里正在展出各种树木的果实，它们被陈列在玻璃橱里。一天，参观的人络绎不绝，博物馆里显得分外热闹。突然，博物馆里传来了一阵震耳欲聋的"枪声"。紧接着，人们又听见打碎玻璃的声音。一时间，陈列橱的玻璃碎片四处迸飞，"枪声"乒乒乓乓接连不断，整个博物馆都沉浸在一片恐怖的气氛中。

有人大声喊道："不好，这是恐怖分子在捣乱！""天哪！"几个胆小的姑娘发出了刺耳的尖叫声。许多人惊慌失措，乱作一团。顿时，大门口被挤得水泄不通。

"枪声"停了，博物馆的工作人员赶到现场。原来，这是一场虚惊。制造这一"恐怖事件"的罪魁祸首，是一种树木的果实。这种果实一干燥就会爆裂开来，像"枪弹"一样射出来。由于果实的爆炸力很强，就把玻璃震碎了。

长得像手榴弹一样的喷瓜威力十足

图片作者：Kurt Stueber

奥地利植物学家开尔内尔也遭到过植物果实的"袭击"。有一次他在维也纳附近山顶的一块森林空地上，发现了一种豆科植物的小灌木。他把结有果实的这种灌木枝带回家，放在桌子上研究。第二天，阳光明媚，这位植物学家正伏在桌子上看书。冷不防一颗种子有力地撞在他脸上，接着第二、第三……大约50颗种子一股脑儿从果实中弹了出来。与此同时，宁静的房间里发出了劈劈啪啪的声响。显然，这是由于阳光从窗户射进来，照在这些果实上，它们变得干燥了，便产生了爆裂现象。

这种"绿色子弹"在植物界中并不罕见。有些植物就靠这种本领来传播种子、繁殖后代。每当绿豆、大豆、豌豆、油菜和芝麻等的荚果成熟后，也会突然扭转和炸裂，发出清脆的响声，自动把种子弹射到地上。最有趣的要算原产地中海的喷瓜了。它的果实形状像黄瓜。成熟后里面充满了浆汁，对果皮产生了很大的压力，只要稍微一碰，里面的浆汁和种子就会喷射出来，好像放连珠炮似的。

蝉是聋子吗

法布尔是19世纪法国著名的昆虫学家，他把毕生的精力都倾注在了对昆虫的研究上。他花了很多时间研究蝉，但是，蝉为什么这样喜爱歌唱呢？法布尔百思不得其解。他曾站在蝉的背后，大声说话，吹哨声，拍巴掌，扔石头，蝉仍满不在乎地继续歌唱。后来，法布尔索性找来两支土枪，里面装满火药，在蝉的旁边连连发射。结果，尽管声如霹雳，蝉却毫无影响，它们依然放声高歌。于是，法布尔得出结论：蝉是没有听觉的，它甚至完全听不见自己发出的声音。

可是，法布尔错了。科学家经过观察和研究，发现蝉是有听觉的。它的听觉器官长在腹部的第二节附近，由比较肥厚的像丝一样的物体组成，上面布满灵敏的感觉细胞，和脑神经相连。当声波传到听觉器官上的时候，感觉细胞就把信号传递到脑子里，蝉就听到了声音。

蝉既然有听觉，为什么对法布尔的砰砰枪声却无动于衷呢？这是因为，不管哪种动物的听觉器官，接受的声波都有一定的频率范围。比如人的耳朵可以听到每秒钟振动16~20 000次的声波，低于这个频率的次声波和高于这个频率的超声波，不管声音有多大，我们都听而不闻。

蝉能听到人类听不到的声音
图片作者：Fontaine K，Cooley J，Simon C

昆虫也是这样，每一种昆虫接受的声波范围各不相同，超过或低于这个频率的声音，它们也是无法听到的。就拿蝉来说，它们对自己伙伴发出的声音十分敏感，可是对其他声音，如人的说话声、拍手声，甚至枪声，就充耳不闻了。

黑猩猩上考场

20世纪初，德国心理学家克勒尔在大西洋的加那利群岛为黑猩猩设置了一个考场。他出的试题是：将香蕉或肉食等放在离栅栏远一点的地方，那里有一条小路可以从栅栏通到外面，看黑猩猩能不能绕道取得这些食物。为了便于比较，这位科学家让狗和一个小女孩也参加了考试。

栅栏前面摆上了香蕉，黑猩猩们几乎不费吹灰之力，就从小路绕了过去，得到了这一美味佳肴。狗粉墨登场了，它看到栅栏前的一盆肉，显得非常兴奋，

聪明的黑猩猩正手握树枝当工具，寻找食物

渴望马上能饱餐一顿。然而到头来，它仍一筹莫展，因为它没想到应该绕道而行。最后上场的是一个仅有15个月的小女孩。她虽然刚学会蹒跚而行，却有着很高的智力：一开始她笔直地冲向目标；遇到铁栅栏后，她抬起头来东张西望；突然，她看到那条小路，不由得哈哈大笑起来，紧接着便快步绕过栅栏，径直奔向目标。

美国亚特兰大市灵长类研究所的科学家也为黑猩猩举行过一场别具一格的考试。考试的内容是将物品归类。考试开始了，两头经过训练、"懂得"象形文字的黑猩猩进入了考场。主考官卢蒙巴博士坐在一间黑猩猩看不到的房子里，通过计算机打出一道道试题。黑猩猩山姆和奥斯廷分别待在两间装有键盘的房子里应试。只见键盘上跳出一个个象形文字：香蕉、咖啡、面包、橘子、调羹……要求它们按下标有"食物"和"用具"的按钮，对主考官提出的这些文字进行归类。结果，卢蒙巴出的17道题，奥斯廷全答对了，山姆只错了一题：把"调羹"归入了"食物"类，而调羹正是山姆平时用来吃食物的。

这场考试惊动了动物学界。它说明，聪明的黑猩猩是有归纳和概括能力的。

认识生物 ABC

世上万物有两大类，一类是死的、无生命的物体，另一类是活的、有生命的物体。后面一大类就是包括我们自己在内的芸芸众生，也就是生物。

世上的生物虽然千姿百态，却有如下一些基本特征。

第一，绝大多数生物都是由细胞构成的。最简单的生物，它整个身体就是一个细胞。细胞是生物结构和功能的基本单位。

第二，一切生物都在片刻不停地与周围环境进行物质交换：吸取自己需要

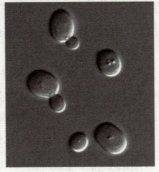

这些都是生物

的物质，组成自己的身体，同时分解自身的一部分物质，释放出生命活动所需要的能量，并将废物排出体外。

第三，绝大多数生物都会由小到大，这就是生长。它们都会经历从新生、成长一直到衰老、死亡的过程。

第四，一切生物都会对外界刺激产生反应。例如，植物的根向地生长，而茎则背地生长，这是植物对地心引力发生的反应。

第五，一切生物都会生"儿"育"女"，繁殖后代。

第六，每一种生物的后代都与它们的"父母"基本相同，但又不完全相同。这说明生物有遗传和变异的特征。

第七，生物都能适应一定的环境。

像植物的动物

有时候，人们在水下的礁石上，可以看到许多"菊花"，有黄色的、白色的、紫红色的，随着海流轻轻漂动，美丽极了。其实，这些绚丽的"花朵"不是植物，而是动物。它们的外貌很像陆地上的羊齿植物，因此人们就叫它"海羊齿"。这是棘皮动物"海百合"家族的一个成员。

海羊齿通常长有10个腕，腕上长着一些羽状排列的侧枝，叫作"羽枝"。它也有嘴巴，在反口面上轮生着一些短而卷曲的细枝，叫作"蔓枝"。海羊齿的腕臂柔软而有力，可以上下左右自由摆动，在海水中游泳。它还会随着水流游动，遇到合适的地方，就轻舒蔓枝攀住岩石或海藻，暂时居住下来。海羊齿的腕臂会分泌一种黏液，将海水中的微小浮游生物捉住，然后将它们送到嘴里。

羽毛星又称毛头星，是海百合家族的另一个成员。它色彩绚丽、姿态迷人，整个身躯仿佛是用金银线编制而成。在蔚蓝色的大海中它那纤巧的羽枝，会随波逐流、轻轻摆动，宛如上下扭动的海蛇，又似随风摇曳的花卉。

羽毛星的身体像个小杯子，中央有口，周围有五腕，每个腕能像绿树那样层层分枝，枝上又长有纤细的羽毛。它的腕中有食物沟，靠上面纤毛的摆动把浮游生物送入口中。

看似一动不动的海鞘其实是一种动物

图片作者：Silke Baron

在港口的水下管道、水下建筑物和船舰的底部，有许多杂乱丛生的附着物——海鞘。它的外形像一个口袋，长年累月固着在一个地方，一动也不动。此外，它的身体外面还有一层植物纤维似的被囊。因此，过去人们把它当成了植物。

海鞘果真是植物吗？人们把它连同固着的岩石一起搬到水缸中饲养，同时在水中放一些不溶于水的红色颗粒物质。经过一番"跟踪追击"，人们发现，这些红色颗粒会从这个怪物身体前端突起的一个小孔中进去；不一会儿，又从另一个小孔排了出来。把它剪开一看，才真相大白：这不是植物，而是一种动物。它的内部有鳃、肠、生殖腺，还有入水口、出水口和肛门。由于体外包着一层像鞘一样的膜，所以称为海鞘。

常见的海鞘有好多种，广泛分布于世界各大洋中。它们中最大的直径在60厘米以上，最小的人眼是看不见的。这是不受人欢迎的动物。它们既不好玩，又不好吃，附着在水下管道，会使管中水流不畅；附着于船舰底部，则会影响航速。

多肉植物之王——仙人掌

也许有人会问，什么是多肉植物呢？这是绿色世界中的一个庞大家族。像乒乓球拍似的仙人掌，翡翠般的宝石花，繁星状的太阳花，难得露面的昙花……这些都是多肉植物。

多肉植物大多生长在热带、亚热带的沙漠、半沙漠地区，那里阳光强烈，蒸发旺盛，它们的茎叶变得肥厚多汁，叶子退化成针或棘刺，由茎来进行光合作用。有的根还扎得比较深，这样可以保持体内的水分不会流失。

在多肉植物中，种类最多的要数仙人掌了，共有 2 000 种左右。仅墨西哥的仙人掌就有 1 000 多种，真是名副其实的"仙人掌之国"。

种类繁多的仙人掌

墨西哥的沙漠地区可以说是仙人掌的世界：高的、矮的、圆的、扁的、紫的、绿的、开花的、无花的，各种仙人掌千姿百态，美不胜收。它们宛如黄色沙海中的碧玉，给沙漠带来了蓬勃生机，还起到了阻挡风沙的作用。

仙人掌同墨西哥人结下了不解之缘。有一种巨柱仙人掌，长得像一根根几十米高的长柱子，体内能储藏 1 吨以上的水分。墨西哥农民或过路人常常砍开仙人掌，用来解渴。

仙人掌可以美化环境。它们点缀着大街小巷、公园和公共场所，供人观赏。由于仙人掌耐旱，须根特别长，墨西哥农民就用它来防止水土流失，固定流沙，保护农田。它身上的棘刺既能防兽，又能防盗，有人就把它种在屋旁作为篱笆。仙人掌那肥厚多汁的茎，也是墨西哥人爱吃的蔬菜。

吃荤的植物

动物吃植物，似乎是天经地义的。可是，有些植物居然也会捕食动物，你说怪不怪？

在吃荤的植物中，猪笼草是很出名的。猪笼草的叶子十分奇特：叶片很宽大，尖端延伸出一根卷须，卷须的前端膨大成一个捕虫袋。因为外形很像南方人运猪用的笼子，所以人们给它取了个名字，叫"猪笼草"。有趣的是，这些拇指大的小瓶子，一个个地悬挂在植株上，随风飘动着。这种小瓶子有各种美丽的颜色，有红色的、绿色的、玫瑰色的，还镶着紫色的斑点，色彩鲜艳极了。

小瓶子口上有一小片盖儿，通常半开着，能防止雨水进入瓶内。这小瓶子不但长得像花儿一样美丽，瓶口和瓶盖还布满蜜腺，能分泌出又香又甜的蜜汁。

捕蝇草张开两片叶子静候猎物
图片作者：Noah Elhardt

在风和日丽的晴天，苍蝇、蜜蜂和蚂蚁等小昆虫飞来或爬到瓶口采蜜，没想到脚底下滑溜溜的，一失足就从瓶口滑了下去。

这下可糟了。原来，瓶子里盛的不是蜜，而是酸溜溜的黏液。瓶子内壁有一层光滑的蜡，上面长着滑溜溜的指向下方的茸毛。小昆虫一头栽到瓶底，就被黏液粘住了。这时，瓶口的盖子自动盖上了。这样，小昆虫不管多么善飞会跳，也休想逃跑。最后，它们在液池中淹死了，被酸性的消化液所消化，那些有营养的物质全被"瓶壁"吸收了。

与猪笼草相比，捕蝇草捕虫时

更加主动。这种植物的茎很短，叶子末端像两片肉质的蚌壳，边缘长着18根长而硬的刚毛，很像过去人们捕捉黄鼠狼用的夹子。当苍蝇飞落到夹子上时，只不过几秒钟的时间，两片"蚌壳"便闭合了。此时，像利齿似的刚毛交错地扣合起来，把苍蝇关在这"牢笼"中。不一会儿，捕蝇草叶片便分泌出消化液。几天以后，苍蝇被完全消化，只剩下了残骸。于是，捕蝇草重新把"蚌壳"张开，等待另一只苍蝇自投罗网。

据统计，全世界吃荤的植物除了猪笼草和捕蝇草之外，还有狸藻等500多种。这些植物为什么要吃昆虫等动物呢？原来，它们都生长在缺乏氮元素和其他矿物质的岩石、土壤和池沼里，那些地方却有很多昆虫。经过长期的进化，这些植物的叶片逐渐发生变化，变成了形形色色的捕虫器。于是，它们便靠捕捉昆虫和其他小动物来补充营养，维持自己的生命。

植物也会设陷阱

植物也会设置陷阱吗？是的。有些植物是用陷阱逮住昆虫的。不过它们捕虫而不吃虫，只是将昆虫囚禁起来，然后打开"牢门"，把"俘虏"放走。它们囚住昆虫，是让这些虫子为自己传授花粉。

生长在欧洲的白星海芋，花瓣就像一只杯子。这种花儿奇臭难闻，令人作呕。正是这种像腐烂尸体发出的恶臭，把一种嗜臭食腐的小甲虫吸引过来了。小甲虫爬上白星海芋的花瓣，想爬进花中。不料，花瓣内侧的一种油滑液体，使它像坐滑梯似的，一下子滑到了"杯子"的底部。这就是白星海芋设下的陷阱。

开始的时候，小甲虫并不急于逃出陷阱。因为在陷

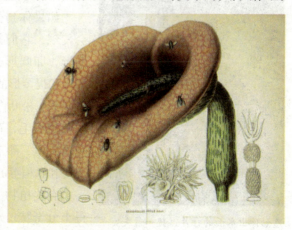

白星海芋的臭味特别吸引苍蝇

阱底部、白星海芋的雌蕊上，会分泌出一种甜甜的蜜汁。小甲虫贪婪地吮吸起来，它的身体不时碰撞雌蕊四周的雄蕊。这些雄蕊个个像武侠小说中的暗器机关，小甲虫一碰上，里面立刻射出一串串花粉。这些花粉就沾在小甲虫的身上。

在白星海芋的花朵里，小甲虫被"囚禁"了整整一天。一天以后，花瓣内壁的倒刺萎软了，油滑的液体也已干枯，这时"禁令"自动解除了。现在小甲虫可以爬上花瓣逃脱陷阱了。它浑身沾满了花粉，爬了出来，不久又被别的白星海芋的臭味吸引住了，再一次跌入新的陷阱。就这样，它把花粉传授了过去。

另外一些植物虽然不设陷阱，但也会欺骗动物前来为自己传授花粉。欧洲南部的草丛中有一种漂亮的镜兰花，是靠黄蜂来传授花粉的。它一无花蜜、二无香味，靠的就是对雄黄蜂的欺骗。这种植物花朵的形状很像雌黄蜂。有趣的是，它的花朵还能发出雌黄蜂的气味。难怪雄黄蜂见了会兴高采烈地飞来，等它发觉受骗上当时，就已在为植物传粉了。

千姿百态的叶子

慈姑伸出水面的叶片，犹如箭矢
图片作者：Christian Fischer

植物给大地披上了绿装。你可知道，植物的叶子并不是千篇一律的，它们是大自然的杰作。

如果你到公园观察一下植物的叶子，就会发现，它们是五花八门、千姿百态的：有圆形、卵圆形、椭圆形的，也有披针形、镰刀形和提琴形的。

看，松叶像针，柏叶像鳞，芭蕉叶像旗，柳叶像眉毛，荷叶像盾，丝兰叶像剑，大麻叶像脚爪，银杏叶像折扇，而玉米、高粱、小麦和水稻等的叶子却细长如筒。

有些植物为了适应周围的环境，叶子变得十分奇特。水生的泽泻，一株上就有三种形态的叶子。最有趣的要数慈姑了，沉入水中的叶子像带子，浮在水面上的叶子是椭圆形的，伸出水面的叶子却像箭矢。

植物叶子的大小也各不相同。侧柏叶片细小如鳞，长不过一二毫米。在南美洲巴西的亚马逊河上到处漂浮着一种大而美丽的观赏植物——王莲。它叶大如舟，圆盘状的叶子

王莲叶大如舟　图片作者：J.M.Garg

直径可达两三米，载重量十分惊人，一片叶子竟可载重 40 千克~70 千克。热带棕榈的叶子更大，最大的叶子竟有 20 多米长、12 米宽。

植物叶子的颜色也不一样。大多数叶子是绿色的，但也有其他颜色。如秋海棠的叶子是紫红色的，莴苣的叶子是浅蓝绿色的。最可爱的是秋天枫树的叶色，红艳似火，因而人们常说"霜叶红于二月花"。

万紫千红花烂漫

春风染绿了原野，仿佛预感到春天的气息，迎春花首先绽开了淡黄色的花朵；紧接着，洁白如玉的白玉兰和一片银白中缀有玫瑰红的紫砂玉兰含苞欲放了；浅红色的樱花、粉红色的桃花、紫红色的紫荆，也争先恐后地竞相怒放了。

是谁把烂漫的鲜花打扮得如此绚丽、五彩缤纷的呢？要知道，花儿之所以有这么动人的色彩，是因为花瓣中不光含有叶绿素、胡萝卜素、类胡萝卜素等色素，还有一种无色的花青素。花青素是个"魔术大师"。它是酸性的时候，呈现红色，如玫瑰、蔷薇等；酸性越强，花儿越红。它呈碱性的时候，现出蓝色，如蓝月季；碱性较强，便为蓝黑色，如墨菊、黑牡丹等。当它呈中性的时候，就显现出紫色来，如紫藤花。

花瓣中如果以胡萝卜素和类胡萝卜素为主，那么花儿便出现黄色、橙色和

花儿的颜色五彩缤纷

茶色，如迎春花、黄玫瑰、金盏花等。至于青花和绿花，那是花儿中以叶绿素为主的缘故。白花不含任何色素，只是由于花瓣中充满着无数小气泡，才使它看上去是白色的。如果你不信的话，可以采一朵白花，用手紧捏，挤掉里面的小气泡，这时它就变成无色透明的了。由此可见，万紫千红的花，完全是由花青素和其他色素造成的。

在世界各种植物的花中，最多的是白花，其次是黄花，红花名列第三，接下去依次排列的是蓝花、紫花、绿花、橙花和茶花，最少的是黑花。

花儿不仅五彩缤纷，而且婀娜多姿。梅花像星，葵花像盘，报春花像小钟，牵牛花像喇叭，茄子花如车轮，薄荷花如嘴唇，烟草花如漏斗，石楠花如瓮子，鸡冠花酷似大公鸡头上的红冠，油菜花好像一个黄十字，蓬蒿菊犹如小太阳，仙客来花活像耷拉着的兔子耳朵，鹤望兰仿佛一只鹤在翘首远望，而蚕豆花、豌豆花和蝴蝶花，则宛如翩翩飞舞的蝴蝶。

植物的睡眠

人和动物要睡觉，植物也要睡觉。

高大的合欢树上有许多羽状的叶子，它们一见到金灿灿的阳光，就舒展开来了；待到夜幕降临时，又成对地折合，闷头睡起了大觉。有时候，人们在野外可以看到一种开紫色小花的红三叶草，白天有阳光时，它每个叶柄上的三片

荷花会随着太阳的升起，慢慢绽开花瓣　图片作者：俞怀彤

小叶儿都舒展在空中，一到傍晚，那三片小叶就闭合起来，垂下头准备美美地睡一觉。许多植物如酢浆草、花生、烟草和豆类植物的叶子，都会昼开夜合。这就是植物的睡眠运动。

不仅植物的叶子要睡觉，娇美的花儿也要睡觉。我国宋代诗人苏轼观察了各种名花后，写下了美丽的诗句："只恐夜深花睡去，故烧高烛照红妆"。

你知道"睡莲"这个名字的来历吗？原来，每当旭日东升的时候，睡莲那美丽的花瓣会慢慢舒展开来；而当夕阳西下时，它便收拢花瓣，进入甜蜜的梦乡，因而人们称它睡莲。

花儿睡觉的姿势是十分有趣的。你看吧，蒲公英的花，花瓣向上竖起，闭合时犹如一把黄色的鸡毛帚；胡萝卜的花，一到夜里便垂下头来，活像正在打瞌睡的小老头。

花儿的睡觉时间有早有晚，长短不一。晴天，蒲公英上午 7 点钟开花，下午 5 点钟才闭合。半支莲是个贪睡的家伙，上午 10 点钟刚刚醒来，绽开五颜六色的花，一过中午就闭合起来睡大觉了。

也有的花白天睡觉、夜晚开放。例如，月光花在夜晚 8 点钟左右开花，到次日清晨才闭合睡觉，不愧为月光下含笑开放的花。

为什么植物要睡觉呢？这是由周围环境引起的植物保护自己的一种运动。三叶草等植物的叶子在夜间闭合，可以减少热的散失和水分的蒸发，因而具有保暖和保湿的作用。夜间的气温比白天低得多，睡莲的花在晚上闭合，可以防止娇嫩的花蕊被冻坏。有些花昼闭夜开，那是因为夜行性的小蛾子能在夜间帮助它们传送花粉。

绿色"妖魔"

　　人的生活离不开绿色植物。但有的时候，植物到处蔓延，也会演变成一场灾难，这就是绿色"妖魔"。

　　20世纪初，有位传教士在南美洲的委内瑞拉看到盛开着青紫色或淡蓝色花朵的美丽小草，他把这带有南美特色的野生水草，带到了阳光灿烂的刚果河畔。不久，这水草便在刚果河上绽开了鲜艳的花朵。可是好景不长，不出三年，这水草就在长达1 600千米的刚果河上蔓延开去，堵塞了河道，最后甚至连运粮的船只也不能通航了，当地的居民被迫背井离乡，迁往他处。

　　类似的悲剧在印度和巴拿马运河地区也发生了：美丽的水草堵塞了印度拉贾斯坦大沙漠的巨型灌溉水渠和巴拿马运河，使它们面临严重的威胁。刹那间，绚丽的野生水草成了灾难的象征。

　　今天，在南北美洲、亚洲、非洲和澳洲的大多数河流、池塘里，都可发现这种水生植物的足迹。人们对它的称呼也因地而异，有的叫水葫芦，有的称水生风信子或洋水仙，而它在植物学上的名称是凤眼兰。

　　为了清除这种水草，保证航运畅通，有些国家出动了舰艇和直升机，声势浩大地沿着刚果河撒下了价值百万美元的除莠剂。他们以为，这么一来就可以太平无事了。哪里知道，半个月以后，凤眼兰又以惊人的速度生长和繁殖起来。原来，凤眼兰有一种独特的本领，它能吸收化学除莠剂中的汞、银、磷和酚等有毒物质，并进行分解，使之变成无毒物质。

凤眼兰生长速度惊人

　　其实，凤眼兰并非无用之物。它是理想的"净化器"，废水流经生长凤眼兰的池子，两天后就能除掉80%的含氮化合物和40%的含磷化合物。凤眼兰又是猪的饲料，既可以用来造纸，还可以沤肥发酵，建立沼气发电站。显然，只要控制得法，凤眼兰还是一种有用之物。

我国的珍奇动物

当你兴致勃勃地来到动物园的时候，当你有幸参观我国的自然保护区的时候，在绚丽多姿的珍奇动物面前，你会赞叹不已、流连忘返。

大熊猫是我国特有的动物，也是世界闻名的珍稀动物。这种动物外形像熊，身上的毛皮黑白分明，在圆圆的白色大头上衬着八字形的大黑眼圈，头上还有一对黑耳朵。人们常把大熊猫称为"中国的国宝""世界宠儿"。世界野生动物基金会的会徽就是一个精致的镀金大熊猫像。大熊猫为什么这么珍贵呢？俗话说，物以稀为贵。据我国动物学家 2001 年的估计，我国的大熊猫只剩下 1 500 多只，生活在四川、甘肃和陕西一带的高山上，已被列为濒危动物。

金丝猴也是世界闻名的珍奇动物。它头圆，耳短，尾长；天蓝色的脸上，长着一对黑褐色的眼睛，水灵灵的，炯炯有神；脸的中央有一个小鼻子，鼻孔大而朝天。最引人注目的是那金丝绒似的长毛，从肩部、背上披散开来，活像一个妙龄女郎披着金色的风衣。在明媚的阳光下，那金黄色长毛光亮如丝、金光闪闪，难怪人们把这种猴子称为金丝猴了。

丹顶鹤体态优美，秀丽潇洒，人们常叫它"仙鹤"，是世界珍贵鸟类。它身穿洁白的"衣服"，头戴朱红色的"小帽子"，翅膀上的黑羽毛好像短裙子。这种鸟从头到脚，每个部分都显得匀称、修长：暗褐色的小眼睛，暗绿色的长嘴巴，长长的脖子，还有两条铅黑色的长腿。

大熊猫是我国特有物种　图片作者：J. Patrick Fischer

我国的珍贵动物共有200多种，除了大熊猫、金丝猴和丹顶鹤之外，还有长臂猿、麋鹿、扭角羚和天鹅等。它们是我国动物资源宝库中光彩夺目的明珠，是世界动物王国的明星。

五光十色的热带鱼

人工培育的黑神仙

你见过热带鱼吗？这是一些体形优美、色彩瑰丽、轻盈潇洒的观赏鱼。顾名思义，热带鱼是热带地区鱼类的统称。但人们通常说的热带鱼，是指饲养在水族箱里供观赏的各种热带和亚热带地区的淡水鱼。热带鱼大约有400种，其中多姿多彩的孔雀鱼、雍容华贵的神仙鱼、很像斑马的斑马鱼，以及接吻鱼、斗鱼和射水鱼等，都很受人们欢迎。

孔雀鱼不愧为鱼中孔雀。雄鱼体色繁多，有红、橙、黄、绿、青、蓝、紫，犹如雨过天晴后的彩虹，所以又叫彩虹鱼。它美艳无比，几乎没有一种鱼能跟它比美。

神仙鱼又叫天使鱼。它那扁而高的体形，长如流苏的胸鳍和臀鳍，挺拔如帆的背鳍，显得潇洒而飘逸。它的体色也很协调：银白色的身体上，贯穿着四条深色横纹；双眼血红色，上面有一黑色细绒条。神仙鱼经人工培育，出现了许多变种，如黑神仙、蓝神仙、长尾神仙和钻石神仙等。

斑马鱼是鱼中"斑马"。它从头到尾装饰着蓝白相间的条纹，色彩悦目，很像斑马身上明显的条纹。这种鱼常在水中追逐嬉戏，活泼而又可爱。

动物的"千里眼"

"眼观六路,耳听八方"。眼睛是动物了解周围大千世界,进行捕食和躲避敌害的重要感觉器官。科学家们发现,动物的眼睛各具特色。

有些人常常把鸟的眼睛叫作"飞行的眼睛",这是很有道理的。展翅翱翔于两三千米高空的雄鹰,一下子便能发现地面上的小兔子,并敏捷地俯冲而下;潜入水

一头扎入水中的鸬鹚能看清快速游动的小鱼
图片作者: "Mike" Michael L. Baird

中的鸬鹚,能看清快速游动的小鱼,一举抓获猎物。在所有的动物中,鸟的视力是首屈一指的。

动物学家发现,鸟眼有许多与众不同之处。首先,鸟都有一双明亮的大眼睛。虽然鸟眼看上去小如豆粒,但实际上它们的眼球是很大的,两只眼球的重量加起来,往往比脑子还重。例如,鸵鸟每只眼球的直径有 50 毫米,比人的两只眼睛加起来还大。更重要的是,鸟的眼睛非常灵活,它们同时具有望远镜和放大镜的功能,既能望远,又能放大。

猫和兔子是人们非常熟悉的动物。近年来生物学家发现,这两种动物的眼睛在视觉上有较大的差异:猫眼对从视野中心

鸵鸟有一双可爱的大眼睛
图片作者: Donarreiskoffer

向边缘移动的物体特别敏感，而兔眼只对从视野边缘向中心移动的物体十分敏感。这是为什么呢？原来，猫主要以捕鼠为生。对于它来说，重要的是不能让已发现的食物溜掉，否则就只能饿肚子。为此，猫特别注意从视野中心向边缘移动的物体。而兔子是草食性动物，食物是不会溜掉的。对于这种弱小的动物来说，抵御猛兽的袭击是至关重要的。因而它时刻注视着进入视野的物体，一旦发现敌情，赶快溜之大吉。

动物节能术

蛇的耐饿本领可真惊人。有位生物学家对我国蛇岛上的蝮蛇进行过研究，既不进食又不喝水的蝮蛇，平均能活78天，活得长的可达107天，最短也能活34天。如果让它们喝些水，那么，耐饿的本领就可提高一倍左右，最耐饿的蝮蛇甚至活了392天。

为什么蛇有这种耐饿本领呢？因为它们有一套节约能量的技术。人们都知道，一摸到猫、狗和鸡，我们总是感到热乎乎的，可是一摸到蛇的身上，却是冷冰冰的。这是因为前者是恒温动物，后者是变温动物。恒温动物的身体，好像是一只具有恒定温度的炉子。为了保持恒定的体温，就要消耗体内的能源物质。可是，蛇省去了这笔能量开支。

在埃及，耐热的骆驼是人类运输物资的好帮手

骆驼是一种能长时间忍耐干渴的动物，人们把它称为"沙漠之舟"。有人曾做过一次实验，在非洲撒哈拉大沙漠中，把几头骆驼拴在太阳下晒了八天，结果它们失去了占体重将近四分之一的水分，但血液中的水分却只失去了十分之一，血液循环仍然畅通无阻，因而仍能以惊人的毅力，挺立在

骄阳之下。

　　动物是很注意节约能量的。大雁南飞的时候，常常排成"人"字或"一"字队形，因为这样比较省力。飞行在前面的大雁拍打几下翅膀，气流就上升了，后面的小雁便可以乘着这股气流滑翔，飞得更轻松更省劲。有人把一种蝎子放在一个容器里，里面装满了消过毒的沙子，九个月以后，这只蝎子的体重竟丝毫未减。

人兽之别

　　人类自诞生之日起，就开始了解和认识动物。长期以来，人们一直在思索和研究：人与动物的区别在哪里？人兽之间的分界线在哪里？

　　过去，人们一直认为，语言是人类的专利。可是近年的研究表明，禽有禽言，兽有兽语，各种动物几乎都有自己的"语言"。秋虫唧唧、鱼儿歌唱、百鸟啼鸣、虎啸狮吼，这是动物的声音语言。此外，动物还有许多无声的语言：美妙的舞姿、绚丽的色彩、芬芳的气味、闪烁的"灯"光，都成了它们彼此之间通风报信的手段。

　　以往，人们都认为，只有人类才有意识，动物是没有意识的。然而现在发现，动物也有心计，也会使用骗术。一头年轻狒狒为了夺取成年狒狒的食物，会发出尖叫声，似乎遭到了欺凌，以此来招引母狒狒，赶走成年狒狒，达到不劳而获的目的。

　　人们感到动物已变得越来越聪明了。它们会动脑筋，会进行社交，也有创新能力。譬如，婆罗洲的猩猩很讲礼貌。它们能通过口腔气流的进出，发出类似人类咂舌头的声音。

求偶期的雄燕鸥正在努力表演，求得雌燕鸥的注意
图片作者：Glen Fergus

那里有一群猩猩还会在每天晚上睡觉前互相咂舌，互道"晚安"。又譬如，西班牙首都马德里动物园的黑猩猩，竟然创造了"食物的加工技术"：它们把饲养员给的苹果、胡萝卜、柠檬和橘子等，拿到石头上磨上一会儿，再舔食上面的"果汁"。

动物学家又发现，黑猩猩之类的动物还有一定的是非观念。其中，最常见的是"知恩图报"，知恩不报者则会被大多数伙伴嗤之以鼻。"打抱不平"可能是黑猩猩表现出来的另一种是非观。在它们那里，恃强凌弱者会受到大伙儿的谴责。

当然，动物的"语言"和意识与人类是不能同日而语的。如果我们最终确定动物具有意识，那么动物具有的可能只是简单或初级的意识，而人类才具有复杂或高级的意识。到那时，我们可能会改变对动物的认识和态度，可能会修正自己的道德标准，可能会更爱那些动物朋友。

显微镜下的世界

　　你知道为什么最早出现在地球上的生命——微生物，却是最晚被发现的一类生物吗？据报道，大约迄今32亿年以前，微生物就已经在地球上崭露头角了。那时，偌大的地球只由微生物独霸。微生物的繁衍，为以后植物和动物的崛起创造了条件。尽管人们早就利用微生物来酿酒、造醋，但由于这是肉眼看不到的小生命，因而长时间来人们对它们几乎一无所知。直到300多年前荷兰人列文虎克发明了显微镜以后，情况才发生了根本的变化。随着科学的发展，显微镜观察技术日趋成熟、与时俱进，微生物世界的芸芸众生终于"原形毕露"了。

　　你知道为什么到目前为止人们记录在案的微生物种类比动植物的少吗？据记载，地球上的动物约有150万种，植物有35万余种，而微生物的种类为20余万种。究其原因，无非是微生物个体微小，与动植物研究相比，这类研究起步较晚、研究历史较短。

　　你知道在大自然中有既无生命又有生命的物体吗？答案是有，这就是千奇百怪的病毒。你见过病毒的模样吗？它们大多是球形或近似球形的，少数呈杆状、丝状或子弹状，有的像一块砖头，有的像古罗马皇帝手中权杖的柄首。研究表明，病毒神秘莫测的形态，与它们的结构密不可分。病毒是由核酸和蛋白质组成的。在细胞外面，这两类物质就像单独存在时那样，没有新陈代谢，也没有繁殖能力，死气沉沉，是不折不扣的无生命物质。然而，病毒一旦进入细胞，就"摇身一变"，成了有生命的物体。

微生物世界是怎么发现的

　　微生物是最早出现在地球上的生命，大约在 32 亿年以前，它们已经无声无息地生活在我们的星球上了。然而，它们又是最晚被发现的一类生物。尽管人们早就利用微生物来酿酒、造醋，但由于这是一群肉眼看不见的小生命，因而长时间以来人们对它们几乎一无所知。

　　直到 300 多年前显微镜问世后，情况才发生了根本的变化。第一个用显微镜发现微生物的科学家是荷兰的列文虎克。1648 年，16 岁的列文虎克离开学校，在一家小杂货店做了 6 年店员，后来在镇政府里当一名看门人。他在工作之余，精心制作各种玻璃镜片。列文虎克把两块光洁晶莹的镜片隔开一

列文虎克

些距离，固定在一块金属板上，在它们中间，还装上了一根用来调节镜片距离的螺旋杆，制成了能放大 200 倍的显微镜。这在当时可称得上是最精巧、最优良的显微镜了。

　　1683 年的一天，列文虎克用显微镜观察雨水、井水、污水和灌入干胡椒中的水，还观察自己的齿垢。他简直不敢相信自己的眼睛了：小小的一滴污水和像针尖大的一点齿垢，竟是个奇异的新天地，活像个五花八门的动物园。那里有数不清的小生物：有的像小圆点，有的像曲线，有的像小棍；有的身上长着毛，有

的像蝌蚪一样长着一条长尾巴。它们像鱼儿一般穿梭不停，波浪似地扭动、舞蹈。这一天，列文虎克无比激动，他看了一遍又一遍，并仔细地研究这些小生命，还把看到的结果认真地画了下来。

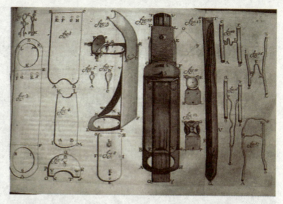

列文虎克的显微镜

列文虎克把观察报告寄到英国皇家学会。英国皇家学会是当时欧洲科学界的权威机构，学会里都是些充满学究气的高贵绅士。对于列文虎克寄来的报告，他们先是疑惑，继而感到惊讶，最后终于在事实面前完全信服了。

列文虎克描述的这个不可思议的微小世界立刻轰动了全世界。这确实是生物学史上的一件大事，因为列文虎克看到的微小生物，正是千百年来和人类生活休戚相关的细菌。然而，当时列文虎克并不了解这一发现的重要意义，只是亲切地把它们称为"小动物"。

过了100多年，第一个完整揭开细菌奥秘的是法国生物学家巴斯德。他经过艰巨的工作，用显微镜观察和实验了几百次，才发现细菌同人类健康和日常生活的关系十分密切。

随着科学的发展，显微镜的放大倍数越来越大，光学显微镜可放大到2 000倍以上，现代电子显微镜、质子显微镜的放大倍数从1万倍发展到了10万倍、几十万倍。微生物世界的芸芸众生，终于"原形毕露"了。

显微镜下的重大发现

1665年的一天，英国物理学家胡克用自己制作的一架可放大270倍的简易显微镜，观察被切得很薄的软木片。突然，他看到无数蜂窝状的"小房间"，就像夜空中嵌满的星星。后来，他在《显微镜》一书中，详细地描述了这一发现，并把这些"小房间"称为"细胞"。实际上，胡克当时看到的只是植物细胞的

神经细胞又细又长　图片作者：MethoxyRoxy

外壳——细胞壁，并未欣赏到细胞内的奇异景色。

此后，德国植物学家施莱登和动物学家施旺通过对动植物的研究，认为地球上的飞禽走兽和花草树木都是由这些充满液体的"小房间"——细胞构成的。

一个细胞到底有多大呢？通常，它的直径只有几个微米（1 微米等于千分之一毫米）。最小的单细胞细菌还不到 1 微米，只有在高倍显微镜下才能看到它的真面目。然而，大的细胞却让人吃惊。例如，一根棉花纤维就是一个细胞，它可长达 40 毫米。鸟蛋（不包括蛋清）称得上是最大的细胞了，一只鸵鸟蛋的蛋黄直径有 50 毫米左右。

细胞的形状五花八门：有圆形、椭圆形、立方形、圆柱形，也有扁平形、梭形、星形和多边形。此外，有些细胞如单细胞动物变形虫等，是没有固定形态的。

现在已经知道，细胞是生物的形态结构和生命活动的基本单位。细胞不是空的，它们"麻雀虽小，五脏俱全"：细胞的中央有个圆球形的细胞核；细胞核的周围，是液体状的细胞质；细胞质中有许多大大小小、形体和功能各异的"器官"——细胞器；包在外面的是细胞膜，或植物细胞特有的细胞壁。

植物细胞和动物细胞

既然植物和动物都是由细胞构成的，那么植物细胞和动物细胞都一模一样吗？如果你在显微镜下观察这两类细胞就会发现，它们大体上相同，都有细胞核、细胞质和细胞膜。但是也有不同的地方：植物细胞在细胞膜外面，有一层厚而坚硬的细胞壁，而动物细胞是没有细胞壁的；植物细胞中有扁球状的叶绿体，而动物细胞没有这种结构；植物细胞中有囊状的液泡，而动物细胞里的液泡并不明显。

细胞膜

细胞核

细胞质

中心粒

动物细胞示意图

在田野上，人们常常可以看到麦浪翻滚的动人景象。小麦的茎秆是那么纤细，为什么能亭亭玉立、十分挺拔呢？这是植物特有的细胞壁在起作用。因为植物细胞壁的主要成分是纤维素，所以小麦等植物才会既坚韧又结实。

为什么大多数植物都是绿色的呢？这是因为植物细胞中有许多绿色的小扁球——叶绿体。叶绿体是植物的绿色"工厂"。在那里，植物利用太阳光进行光合作用，制造有机养分，促使植物生长发育。动物细胞是没有叶绿体的，所以动物不能像植物那样制造养分，只能吃植物和别的动物维持生命。

液泡在植物的生命活动中有着重要的作用。大热天，你忘了给盆里的花浇水，叶子就会无精打采地垂下来。这时，你给它浇了水，要不了多久，叶子又会神气活现地挺起来。水是怎么使叶子挺起来的呢？原来，这是细胞里的液泡在发挥作用。液泡就像植物的大水库，植物每天吸收的水，大部分储藏在液泡里，把液泡胀得鼓鼓的，形成了一种膨压，植物便因此而挺拔起来。一旦植物缺水，液泡就像泄了气的皮球那样又瘪又软，植物的茎叶便萎靡不振了。

液泡里充满着细胞液，而细胞液中有许多复杂的物质，如糖类、盐类、有机酸、生物碱和花青素

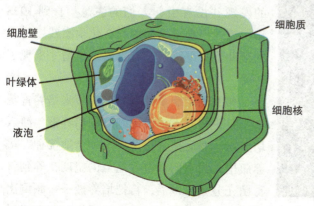

细胞壁

叶绿体

液泡

细胞质

细胞核

植物细胞示意图

等。那五光十色的花色，是液泡中花青素等物质造成的。我们吃西瓜时会感到甜滋滋的，番茄吃起来有一种带酸的甜味，水果未成熟时吃起来又涩又苦，就是因为液泡中细胞液所含的成分不同。

你可以对植物细胞和动物细胞的内部结构进行比较，但在比较时应注意，它们是模式化了的细胞，在真实的生物体内，各种细胞的形态和结构会有所不同。

青霉素的故事

金黄色葡萄球菌是人类许多疾病的祸首。1928年，英国细菌学家弗莱明开始研究这种病菌。这是一种圆形小点样的细菌，常常聚集成串，犹如一串葡萄。在一个初夏的早晨，弗莱明突然发现，一种来自空气的绿色霉菌——青霉菌，落到葡萄球菌的培养碟里，并且生长繁殖起来了。奇怪的是，在这种青霉菌的周围，原先生长着的葡萄球菌全都溶化，消失得无影无踪了。异常凶恶的葡萄球菌被青霉菌制伏了。弗莱明认为，这一定是青霉菌分泌了一种具有非常强大杀菌能力的物质，他把这种杀菌物质叫作青霉素。

可是，要利用青霉素来治病，还有一段非常艰苦的道路。10年过去了，弗莱明的发现并没有引起人们的注意。直到1938年，英国病理学家弗罗利在化学家钱恩等人的帮助下，继续研究青霉素，事情才出现了转机。

弗罗利定制了几百只玻璃瓶来培养青霉素。弗罗利等人把已配制好的培养液，灌入培养瓶，然后把青霉菌一个一个地接种在培养瓶里，为它们调节好适当的温度，等到青霉菌充分繁殖以后，再把培养液一一倾倒出来，装在大罐里，送给钱恩提炼。他们经过

亚历山大·弗莱明

几十个昼夜的辛勤劳动，一种纯度很高的青霉素终于诞生了。这是一小匙棕黄色的粉末。弗罗利取出一点粉末溶解在水里，把溶液稀释到二百万分之一的浓度，这个浓度足以把致病细菌杀死。经过一系列的生物学试验，青霉素的价值被肯定了。临床试验结果证明，青霉素能消灭凶恶而顽强的葡萄球菌和链球菌，把许多病人的生命从死神手里夺回来。

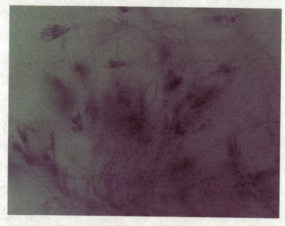

青霉菌　图片作者：Peter Halasz

英国药厂的专家虽然对此很感兴趣，但是在当时的条件下，还不能大量生产青霉素。1943年夏天，科学家意外地发现，在美国伊利诺伊州一个市场上买来的一个发霉的西瓜上有一种霉菌，它产生的青霉素，比弗莱明发现的霉菌所产生的青霉素要多大约50倍。紧接着，科学家又发现，玉米粉调制的培养液，是青霉菌生长繁殖"最肥美的土壤"。这些发现使大量生产青霉素有了可能，青霉素终于步入了工业化生产的阶段。这标志着用微生物制造药物的"抗生素时代"来临了。

揭开病毒的真面目

1892年，俄国种植烟草的大片农田里发生了一种瘟疫——烟草花叶病，成片农田里的烟叶上长满了奇怪的疮斑，疮斑越来越严重，整片烟叶完全枯萎腐烂了。

俄国年轻的植物学家伊万诺夫斯基来到了烟叶瘟疫流行的农田。他把害花叶病的烟叶收集起来，把这些烟叶捣烂，加水调成浆液，再把它滴在还没有患病的烟叶上，结果这些烟叶也得了花叶病。后来，伊万诺夫斯基把害病烟叶的浆液，通过一个非常精细的过滤器进行过滤，这种过滤器的细孔比细菌还要小，只能容

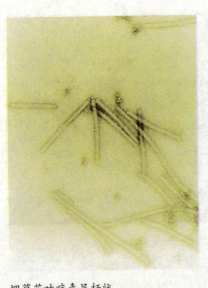

烟草花叶病毒呈杆状

许比细菌更小的物体通过。他把这些滤液滴在健康的烟叶上，不久这些烟叶还是得了花叶病。于是，伊万诺夫斯基得出结论：烟草花叶病是由比细菌还小的微生物引起的。后来，人们把这类微生物称为病毒。

病毒实在太小了，大多直径都小于150纳米（1纳米就是十亿分之一米），最小的直径只有20纳米。它们只有在电子显微镜下才原形毕露。

你看到过病毒的模样吗？这是一群千奇百怪的小魔鬼：大多数是球形或近似球形的，少数呈杆状、丝状或子弹状，有的像一块块砖头，有一类专门吃细菌的病毒（噬菌体）就像一条条蝌蚪。我们比较熟悉的几种疾病的病原病毒更是多姿多彩、神秘莫测。例如，普通感冒病毒像个足球，它的表面由一个个凹凸不平的三面体组成；流行性感冒病毒像古罗马皇帝手中权杖的柄首；白血病病毒像一个球形的桑葚，表面是一个一个的小球。

病毒的构造十分简单，整个身体连一个完整的细胞都没有。多数病毒除了一个核酸构成的"芯子"外，就是一层蛋白质的外壳。病毒不能独立生活，可是一旦钻到动物、植物和细菌的活细胞里，却表现得异常活跃。

危害人类的病毒大多是近年来发现的，现已达几百种，包括古老的现已绝迹的天花病毒、正在危害人类的脑炎病毒、乙型肝炎病毒等，以及被称为"超级瘟神"的艾滋病毒。

感染了烟草花叶病毒的叶片上出现花斑

"人丁兴旺"的大家族

大约在 32 亿年以前，微生物就已经悄悄地在地球上出现了。当时，整个地球由它们一统天下，后来才陆续出现了植物、动物和人类。

微生物是个庞大的家族。今天，它们依然"人丁兴旺"。据报道，到 1995 年已有记载的微生物种类多达 20 万种。这些微生物并不都一模一样，而是芸芸众

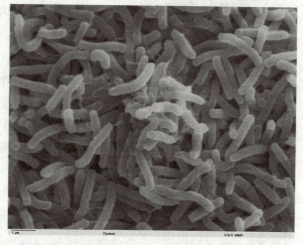

霍乱弧菌（属于细菌）

生各有特色。微生物家族的主要成员有细菌、放线菌、真菌和病毒，还有一些介于这些成员之间的种类。

细菌是大名鼎鼎的，这个家族的成员最多。有许多残害人命的疾病，如脑膜炎、肺结核、霍乱等，就是它们造成的。当然，有许多细菌是人类的好朋友，如用来预防疾病的菌苗，能增加粮食产量的菌肥，参加污水净化的细菌。

你抓一把泥土，就会闻到一股特殊的泥腥味。这种气味是由一类比细菌高级一点的微生物——放线菌产生的。放线菌主要生活在土壤中，由一些纵横交错的细线组成，就像一

灵芝（属于真菌）　图片作者：Eric Steinert

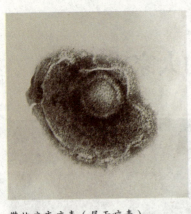

带状疱疹病毒（属于病毒）

团丝线一样。绝大多数放线菌对人类是功德无量的。目前，世界上发现的抗生素有三分之二（如链霉素、氯霉素、金霉素、红霉素等）是由放线菌生产的。

在微生物家族中，有个拥有五万多种小生物的真菌家族。历史上最早服务于人类的霉菌就属于这个家族。霉菌中的曲霉菌可用来制酱，毛霉菌能做腐乳。不过，一些如顽癣等难以医治的疾病，也是由霉菌引起的。酵母菌是真菌中一类很有名望的成员，我们做馒头、面包和啤酒时，都离不开酵母菌。担子菌是微生物世界中的"巨人"。我们平时爱吃的蘑菇和香菇，就属于这一类。只是它们的菌体很大，与微生物的名称实在不相称。

微生物世界中的小个子叫病毒，它们比最小的细菌要小得多。病毒的构造非常简单，没有独立生活的能力，只有钻到别的生物的细胞中才能生活。一部分病毒能引起许多疾病，甚至置人于死地。

藻类和变形虫分别属于低等植物和低等动物，但有时人们也将它们放到微生物这个大家庭中，因为在培养方法和利用上，它们与微生物非常相似。

贪婪的"大肚汉"

微生物也是要吃东西的。在五彩缤纷的生物世界中，它们的"胃口"是首屈一指的。

科学家们在比较各种生物的"胃口"时，发现了一个普遍规律：生物的个体越小，其单位体重所消耗的食物就越多。有一种体重仅 3 克的地鼠，每天吃掉的粮食和自己的体重不相上下。闪绿蜂鸟的体重还不到 1 克，每天的食量竟比体重大 2 倍。与地鼠和蜂鸟相比，一个微生物细胞要小得多，于是它们便成了贪婪的"大肚汉"。譬如，在合适的环境中，大肠杆菌每小时可以吃掉自身重量 2 000 倍的糖。

好在微生物世界的"公民"们并不偏食，凡是动植物能利用的营养物质，如淀粉、麦芽糖、葡萄糖、有机酸、蛋白质和纤维素等，微生物都来者不拒，照单全收；动植物不能利用甚至是有毒的物质，微生物也能照吃不误。空气中的二氧化碳和氮气可以成为微生物的食

在葡萄酒的制作过程中，微生物"吞吃"有机物进行分解
图片作者：JJ Harrison

物，一些复杂的有机物如几丁质、角蛋白、石油、塑料和酚类，也能成为微生物的美味佳肴。枯草杆菌、马铃薯杆菌能消化自然界罕见的有机物——己内酰胺，一些镰刀菌、放线菌和假单胞菌甚至能分解剧毒的氰化物。可以毫不夸张地说，凡是有机化合成的物质，不管它的结构如何新颖复杂，只要一接触微生物世界，肯定逃脱不了被毁灭的命运。由此可见，这些"大肚汉"是何等贪婪。

在利用微生物进行发酵生产时，了解它们的食谱和食量是十分重要的。要知道，微生物和人一样，也不是吃得越饱就越好。例如，用细菌生产味精时，培养基中生物素的含量只能让它们吃到"八成饱"，因为这时味精的产量最高。

微生物的大本营

对于微生物来说，天涯海角都是它们的家。它们的身体小而轻，可以随风飘、顺水流。凡是有动植物生活的地方，都可以发现微生物的踪迹。即使是许多动植物不能忍受的恶劣环境，也能成为微生物的"乐园"。但不管怎么说，微生物的大本营还是在土壤中。

如果每亩耕地的上层土壤有 15 万千克重，那么其中微生物的重量就有 500

土壤是微生物的大本营

千克。在一般情况下，1 克土壤中有几亿个微生物。即使是荒无人烟的沙漠里，1 克沙土中也有 10 多万个微生物。在土壤中数量最多的是细菌，其次是放线菌、真菌和其他微生物。

为什么微生物喜欢在土壤中生活呢？原来，土壤里含有丰富的动植物残体和各种无机物，它们是微生物的美味佳肴。土壤颗粒中既含有空气，又有水分，同时土壤的酸碱度基本上接近中性，一年四季的温度变化不大。这样的生活环境对微生物来说，实在是太理想了。于是，土壤就成了微生物食物充足、条件舒适的大本营。

然而，微生物并没有在大本营里坐享清福，它们每时每刻都在为大自然作贡献。我们知道，绿色植物在进行光合作用的时候需要二氧化碳，而空气中的二氧化碳含量大约只有万分之三，整个大气层二氧化碳的总量也不过 6 000 亿吨。可是，地球上现有的绿色植物每年要吃掉 600 亿吨二氧化碳，这样要不了多久，大气中的二氧化碳就会被吃得精光。然而，千百年来，地球上从来没有出现过植物由于缺少二氧化碳而被饿死的现象。这究竟是怎么回事呢？要知道，土壤中的微生物在分解利用有机物时，会产生大量的二氧化碳，地球上有百分之九十的二氧化碳是由微生物提供的，这就为植物的生长创造了良好的条件。

氮肥也是植物必需的营养物质，但它必须溶于水，否则即使营养再丰富，植物也无法吸收利用。土壤中有丰富的有机氮物质，可是它们不溶于水，能溶解在水中的无机氮每亩地只不过 10 多千克，还不够植物吃上一季。这么一来，植物岂不是会因缺氮而营养不良吗？对此，我们不必杞人忧天。因为土壤中的微生物能把有机氮变成无机氮，为植物提供丰富的氮肥。

总之，在土壤这个大本营里，微生物是微乎其微、默默无闻的，可是它们在为生物界的繁荣昌盛，做着惊天动地的大事。

五世同堂

有些人对微生物感到比较陌生。其实，它们在生物界里的历史最悠久，可是人们发现它们还只有 300 多年的时间。微生物的个头儿很小，我们的肉眼是看不见的，它们有着惊人的生长和繁殖速度，任何动植物都无法与之相比。

猪体重增加一倍需要 30 多天，野草体重加倍也得 10 多天，而长得最慢的微生物只要几个小时就足够了。通常，仅需 10 多分钟微生物就能由小长到大。在条件适宜的时候，20 分钟就能产生新的一代，不到 1.5 小时便能"五世同堂"了。

在人体的大肠中有一种大肠杆菌，它的繁殖能力更强。有人把大肠杆菌培养在 37 摄氏度的牛奶中，只要 12.5 分钟它就能分裂一次，生出新的一代。如果以通常说的"20 分钟"分裂一次来计算，那么一个大肠杆菌经过 24 小时以后，就可产生 4.7×10^{21} 个后代。假如一个杆菌的重量为十亿分之一毫克，那么这些大肠杆菌的总重量可达 4 700 吨。经过 48 小时以后，一个杆菌产生的后代有 2.2×10^{43} 个，这时的总重量有 2.2×10^{25} 吨，相当于 3 680 个地球那么重。

当然，由于新陈代谢和各种条件的限制，微生物是不可能一直保持这种繁殖速度的。

人们掌握了微生物的这个特点，便为其提供了良好的条件进行人工培养，使酵母菌一天就能收获一次，使生产味精的细菌在50 多小时内就增加 30 多亿倍，只要在很短的时间里就能得到大量的微生物。这样，通过培养各种微生

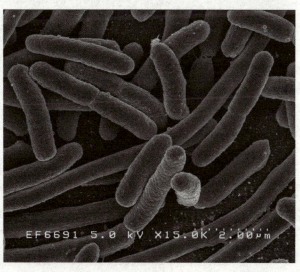

EF6691 5.0 kV X15.0K 2.00μm

大肠杆菌繁殖后代的速度特别快

物，我们就能得到许多有用的产品，如喝的酒、吃的酱、助消化的酵母片和治病用的抗生素。

人体中的"常住居民"

　　每个人的身上都有千千万万个微生物，有的在你刚来到人世间不久，就已经钻进你的肚子里了。在你的头发、指甲、皮肤和鼻黏膜上，口腔和消化道里，都有许多微生物在活动。它们成了人体中的"常住居民"。

　　人的大肠中有经过胃和小肠消化的营养物质，又有合适的温度和酸碱度，因此，这儿是微生物的"安乐窝"。大肠中微生物的数量很多，而且经常随着粪便排出体外。每1克粪便中有1 000亿个微生物。其中，有大肠杆菌、产气杆菌、变形杆菌、绿脓杆菌和乳酸杆菌等。由于这些微生物世世代代都生活在大肠中，人们便把它们称为人体的正常菌群。它们在吞食人体食物的同时，还能为人体提供许多具有生理活性的物质和营养物质，如能使血管收缩、血压升高的酪胺，能刺激胃酸分泌的组胺以及维生素和氨基酸等。

　　除了大肠以外，人体的许多部位都成了微生物活动的"舞台"。口腔里的食物残渣，是各种球菌、乳酸杆菌等细菌的美味食品，口腔里的温度又很适宜这些细菌的生长繁殖。它们在分解利用食物中的糖类时，会产生许多有机酸，损坏牙齿的珐琅质，引起龋齿。饭后漱口、睡前刷牙，可以减少口腔中细菌的数量，使牙齿免遭病菌的侵蚀。人的皮肤上，也居住着链球菌、小球菌、酵母菌和霉菌等微生物。一旦皮肤破裂，致病菌侵入伤口，就会引起化脓感染。我们在打针时用酒精消

乳酸杆菌是人体中的常住居民

毒皮肤，就是为了防止皮肤上的微生物随着注射器的针眼进入人体。呼吸道中也存在着不少微生物。它们中的有些成员会引起肺炎、肺结核、鼠疫和脑膜炎等可怕的疾病。不过，绝大多数呼吸道微生物对阻止外来细菌的侵入，起着积极的作用。

对于居住在人体中的微生物，我们不必惊慌失措，也不要掉以轻心。因为当人体过于疲劳、抵抗力降低时，这些"常住居民"往往会乘机兴风作浪。

霉菌的灾难与功绩

在日常生活中，人们常常会遇到这样的事情：穿过的衣服、鞋帽，用过的皮包、糨糊，吃剩的馒头、糕点，放置的水果、酱制品等，放了一段时间以后，上面会长出一点点、一堆堆、一簇簇绒毛般的东西，还会发出一阵阵难闻的霉味。特别是在黄梅天，这种长霉的现象更为常见。

霉是什么东西呢？它属于真菌，就叫霉菌。常见的霉菌有根霉、毛霉、曲霉和青霉等。霉菌形成的菌落，开始时颜色很淡，随着菌丝的不断蔓延，颜色逐渐加深，通常见到的有黑、绿、白、灰、棕和土黄等颜色。它们有的像绒毯，有的像棉絮、蜘蛛网。

霉菌常会给人们带来灾难。有些霉菌不仅会引起食物和物品的霉烂，还会使人和动物得病。例如，小麦赤霉会引起小麦病害，黑根霉会使甘薯得软腐病等。

1960 年，在英格兰的一家养殖场里，10 万多只火鸡突然得了一种怪病，它们一直昏迷不醒，仅仅几天时间就全部死光了。罪魁祸首是谁呢？经过一年的仔细调查，人们才发现这些火鸡是吃了发霉的花生粉后得病的。研究人

桃子上的霉菌　图片作者：Zephyris

员从花生粉中找到了一种霉菌——黄曲霉，正是这种霉菌产生了一种带有荧光的黄曲霉素，杀害了这些火鸡。在目前已经发现的真菌毒素中，黄曲霉素是较毒的一种。在粮食、油料、水果、蔬菜、肉类和饲料中，往往可以找到这种毒素，尤其是发霉的花生和玉米中含量较高。人、畜吃了发霉的花生、玉米以后，常会引起肝癌。

当然，霉菌有过也有功。曲霉中的米曲霉和酱油曲霉，在发酵工业中有很大作用。它们可以用来酿制酱和酱油，还可以用来生产淀粉酶、蛋白酶等。

腐乳为什么那么好吃呢？原来，它是在小块豆腐上接种毛霉菌后制成的。毛霉菌能把豆腐中的蛋白质分解成氨基酸和其他有机酸等营养成分，这样吃起来就鲜美可口了。

霉菌除了进行食品加工以外，还可以用来生产工业原料，如柠檬酸等。它又能用来制造抗生素，如青霉素、灰黄霉素等。青霉素是青霉菌分泌的一种能抑制细菌生长的物质。这种抗生素的发明和使用，挽救了许多垂危的病人。此外，人们还发现，霉菌中也有一些消灭农业害虫的能手，如蝗菌可用来治蝗虫。

风靡世界的"植物肉"

据说法国著名小说家大仲马到德国旅行的时候，有一天晚上正下着大雨，他忽然想要吃点蘑菇，便冒雨跑到饭店去。他一时想不起德文中的"蘑菇"该怎么写，便在纸上画了个蘑菇。谁知侍者误解了他的意思，竟给他送来了一把雨伞，把这位大文豪弄得啼笑皆非。

的确，蘑菇的形象很像一把撑开的小伞，在小小的伞盖下，还呈放射状地排列着一层像伞骨子似的"菌褶"呢。蘑菇的种类很多，形状也各不相同。其中，伞菌是人们最熟悉的品种。

蘑菇原是生长在肥沃的田野、草原和马厩肥上的一种真菌。由于肉质肥厚、气味芳香，受到了欧洲人的喜爱。17世纪末的时候，蘑菇成了巴黎上层社会最受欢迎的佳肴。可是，巴黎附近没有大森林，很难找到新鲜的蘑菇，于是人们便着手进行人工栽培。

最初有人根据马厩肥上经常有蘑菇生长的启发，想到了利用马厩肥来栽培蘑菇。巴黎郊外有不少废弃的采石场，他们就把腐熟的马粪和褥草堆在洞穴里，然后把长过蘑菇的泥土挖出来，当作"菌种"埋进去，谁知这一下居然成功了。在黑暗中长出的蘑菇，又白又嫩，上市后非常受欢迎。以后人们稍加改进，把长满菌丝的堆肥风干后，切成块状，称为"菌种砖"，使蘑菇的

蘑菇像一把把撑开的小伞　图片作者：Alan Rockefeller

产量有了提高。由于蘑菇在巴黎市场上获利很高，废弃的采石场简直成了"挖金洞"，很快便引起了人们的重视。在法语中，"采石场"和"蘑菇房"是同一个词，原因就在这里。

开始时，法国人对蘑菇栽培技术守口如瓶。第一次世界大战的时候，由于缺乏蔬菜和副食品，德国人利用法国俘虏房中的栽菌老手也建起了蘑菇房。现在，这种栽培技术几乎传遍了全世界，蘑菇栽培业正在向大型化、机械化和自动化的方向发展。

蘑菇的营养价值很高。据分析，干蘑菇的蛋白质含量高达 40%，超过了大多数蔬菜，而且蛋白质中的氨基酸比较全面，共有 18 种之多，人体必需的 8 种氨基酸中，它就有 7 种。蘑菇中维生素 B_1、B_2 和烟草酸的含量比肉高，它含的钾、磷、硫与水果不相上下。蘑菇还含有较多的谷氨酸和糖分，难怪它是那么鲜美。由于它是高蛋白食品，所以欧洲人还把它称为"植物肉"，美国则把它列为宇航员的理想食品之一。

馒头中的小窟窿

馒头和面包等面食吃起来既松软又好吃。如果你把它们掰开来一看，就会

面包里面的小窟窿是发酵造成的

发现里面有许许多多的小窟窿。你知道又香又软的面食是怎么做成的吗？面食里面的小窟窿又是怎么产生的呢？原来，这是酵母菌干的好事。

酵母菌是一种真菌，在大自然中到处都有它的足迹。酵母菌是一种重要的发酵微生物，能分解碳水化合物，产生酒精和二氧化碳。它的种类很多，已经发现的有几百种，其中人们常用的有面包酵母、酒精酵母、葡萄酒酵母、啤酒酵母和饲料酵母等。酵母菌的形状很不规则，有圆形、椭圆形的，也有圆柱形的。它们整个身体也只有一个细胞，不过比细菌的细胞要大5~30倍。

我国很早就开始利用酵母菌了。古代的《山海经》中记述了猴子喝酒的趣事：漫山遍野都是果树，吃不完的果子落到地面的低凹处，里面的果汁淌出来，经过空气中酵母菌的作用，把糖发酵成酒精，变成了天然的"果子酒"。猴子最早尝到美酒的滋味，一个个都手舞足蹈起来。后来，人们偶尔尝到了这种果子酒，终于学会了酿酒。酵母菌用于发面，大约开始于晋代。那时，人们用经过酵母菌发酵的面粉，制成了又松又软的面饼。

用发酵粉做的馒头也比较松软。这是因为发酵粉是一种碳酸氢钠粉剂，会产生二氧化碳，使面团膨胀起来。不过，发酵粉不会增加面团的营养成分。鲜酵母就不一样了，它会利用面粉中的淀粉做养料，很快地繁殖起来，不断产生酒精和二氧化碳。在大量繁殖的同时，它还会产生各种蛋白质、维生素B_{12}、细胞色素和生理活性物质，这就增加了馒头的营养价值。

同样是用鲜酵母制作面食，面包的营养价值要比馒头更胜一筹。这是

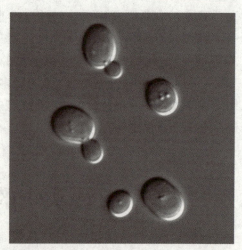

酵母菌

因为生产面包的时候，还加进了一些糖和油脂等佐料，经过两次发酵，繁殖出来的酵母菌更多，产生的营养物质也就比较多。此外，面包比馒头更松软，更容易被人体消化吸收。

现在，你也许已经明白了：馒头和面包里的一个个小窟窿，就是酵母菌分解淀粉时产生的二氧化碳受热膨胀留下的痕迹；刚倒出来的啤酒会泛起白泡沫，也是二氧化碳冒出的气泡。

饭菜为什么会变馊

我们都有这样的生活经验：家里的食物如鱼肉、粥饭等，如果保存得不好，要不了几天，甚至只要几个小时就会变质或变馊。这主要是细菌在食物里作怪和捣乱的结果。

地球上到处都有细菌的足迹。我们吃的各种食物中含有丰富的营养物质，自然就成了细菌生长繁殖的理想场所。据检测，一块指甲那么大的生肉上有上万个细菌，一匙生牛奶中竟有 2 000 多万个细菌。

空气中的尘埃黏附着各种细菌，如酸败细菌、乳酸杆菌、葡萄球菌等，它们随风飞扬，落在食物上，也会在那儿大量繁殖。夏天气温高，细菌的繁殖速度更快，那时候，一个酸败细菌一昼夜能产生上亿个后代；一个葡萄球菌落在饭菜上，几个小时便"子孙满堂"了。

美味的食品一经细菌"光顾"，很快就会发酵变质。根据科学家的研究，食物中的蛋白质会被细菌分

冰箱不是消毒箱，低温只能延缓细菌繁殖的速度

解成有强烈臭味的氨气和硫化氢，特别是食物中的含氮有机物，在酸败细菌的作用下，会生成一些毒胺，发出如烂鱼那样的恶臭味；食物中的脂肪经过细菌的分解会形成刺鼻难闻的醛类物质；食物中的碳水化合物会被细菌变成毫无营养价值的二氧化碳和水。更加危险的是，生长在食物中的一些病菌，如肠道球菌、链球菌等，它们会使人得病。

我们在加工或烹调食物的时候，如果不注意操作卫生，没有煮熟蒸透，或者烧好的饭菜放的时间太长，被细菌污染了，细菌就会在食物中大量繁殖起来。即使从冰箱中取出来的食物也不保险，因为冰箱不是消毒箱，细菌在里面只是降低了繁殖速度，并没有死去，一旦温度升高，仍会迅速繁殖。人吃了这些食物以后，就会引起细菌性食物中毒。一般来说，人在吃了被细菌污染的食物以后，24 小时内就会发病，最短的两个小时就会发作。这时，病人会呕吐、腹泻、腹痛，严重的还会出现抽搐、脱水、昏迷和呼吸困难等。

夏天，为了防止饭菜变馊，我们在做饭菜时要适量，吃多少做多少，尽量不要剩下。万一有剩余的饭菜，可以放在锅里蒸煮一下，然后加盖，放在凉爽通风的地方。

衣服上为什么会出现霉斑

在梅雨季节，人们常常会发现，衣服上"长"出了黄色、绿色、白色和其他颜色的绒毛样斑点，这就是霉斑。许多人都有这样的经验：淋过雨的衣服没有马上晒干，渍了汗的衬衫没有及时洗净，或者干净的衣服放在阴湿、不透气的地方，时间长了，都会"长"出霉斑来。

衣服上为什么会出现霉斑呢？大家知道，我们穿的衣服都是由各种纤维纺织而成的。除了用人造纤维织成的衣服外，由植物或动物纤维织成的衣服，往往由于主人的疏

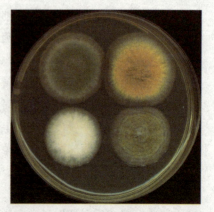

培养基里的曲霉
图片作者：Adrian J. Hunter

忽而发霉。因为用棉花、大麻、黄麻和椰子纤维等植物纤维织成的衣服，含有大量的糖类物质；用蚕丝、羊毛、鸭绒和驼毛等动物纤维织成的衣服，含有丰富的蛋白质。这些衣服如果长时间放在潮湿的地方，被雨淋了或渍了汗又没有及时洗干净，附着在衣服表面的霉菌就会利用这些水分、糖类物质或蛋白质，迅速生长和繁殖起来。它们会把纤维破坏掉，并形成各种颜色的霉菌"群落"。这就是我们平时见到的霉斑。

形成霉斑的霉菌种类很多，它们分布广泛、无孔不入。现已发现，曲霉、青霉、木霉和毛壳霉等许多霉菌都会使衣服发霉。这些霉菌的破坏力极大，许多衣服和纺织品就是在无声无息之中葬身霉菌之口的。

在日常生活中，有防止衣服和纺织品发霉的两条措施：一是经常将衣服放在太阳下晒，把水分晒干，使霉菌无法得到生长繁殖所需要的水分；二是在衣服中放一些樟脑丸、樟脑精等化学防霉防蛀剂，这些物质可以杀死衣服上的霉菌，或抑制霉菌的生长。

艾滋病毒与超级瘟疫

自 1981 年 6 月美国发现第一例艾滋病以来，这种死亡率极高的疾病几乎流传到了世界上所有的国家。1983 年法国科学家蒙塔尼首先从病人身上分离出了艾滋病毒。第二年，美国科学家盖洛也得到了相同的病毒。

感染了艾滋病毒后发病的病人，全身免疫功能几乎全线崩溃，抵抗力迅速下降，全身淋巴结肿大，持续发烧、反复感染、腹泻，人迅速消瘦，还伴有痴呆、脊髓病和末梢神经损害等。用不了两三年，病人就会失去生命。

资料显示，早在 20 世纪 60 年代，艾滋病就已经在中非出现了。不久，它就传入了拉丁美洲的海地，随后又向北传入美国。只不过 30 多年的时间，艾滋病就迅速扩展到加拿大、西欧、澳大利亚、日本等 208 个国家和地区。到 2001 年底，全世界艾滋病毒感染者和艾滋病患者已达 6 480 万人，其中 2 480 万人已经死亡。与鼠疫、霍乱、斑疹伤寒等烈性传染病相比，艾滋病的凶猛、猖獗和危害程度一点也不逊色。

艾滋病已经使一些国家面临种族灭绝的危险。例如，在乌干达，20% 的国民都是艾滋病毒的携带者，每年的死亡人数中有一半是艾滋病人。1998年3月8日，南非《城市新闻报》刊登了一条惊人的消息：在约翰内斯堡西南部索韦托黑人区的一所中学里，有900名学生感染了艾滋病毒。据官方公布的数字，在南非4 100多万人口中，艾滋病毒携带者和艾滋病患者已有300万。

我国从1985年发现第一例艾滋病以来，感染的人越来越多。据官方统计，截至2007年底，我国艾滋病毒感染者和病人约70万，其中艾滋病患者8.5万人。

现已知道，艾滋病毒主要存在于人体的血液、脑脊液、精液和阴道分泌物、乳汁中，也有少量分布于眼泪、唾液、尿液中。艾滋病主要通过四条途径传播：性接触传播、血液传播、吸毒传播和母婴传播。青少年容易成为毒品和色情业的受害者，因而最容易被艾滋病毒感染。联合国艾滋病计划署负责人曾警告说，目前全世界青少年的艾滋病感染速度惊人，平均每天有7 000名10~24岁的青少年受感染。估计目前全球青少年艾滋病毒携带者至少已有1 500万人，占感染者总数的一半。可见，青少年朋友一定要高度重视艾滋病这一超级瘟疫的危害。

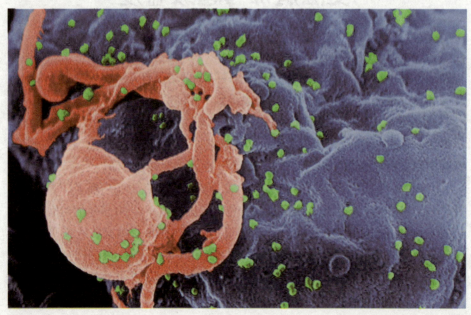

一张扫描电镜照片，艾滋病毒（绿色）聚集在淋巴细胞上

如今，世界各国都在研究预防艾滋病的疫苗以及各种治疗药物，并已取得了一些可喜的进展。我们相信，人类终将征服艾滋病这一病魔。

非洲恶魔埃博拉病毒

1976 年在非洲中部扎伊尔和苏丹两国交界的林区，突然爆发了一种急性出血性传染病——埃博拉出血热。病人出现发热、头痛、胸痛、皮疹、出血、腹泻、呕吐和肌肉酸痛等症状。这种传染病在病人家庭和收治患者的医院中迅速传播，使 600 多人发病，400 多人丧失，病死率高达 70% 以上。各国科学家对这种疾病进行了深入研究，终于发现这是由一种病毒引起的。由于这种病毒最早是在扎伊尔埃博拉河附近的一个小村庄被发现的，所以取名"埃博拉病毒"。

1979 年埃博拉出血热在苏丹同一地区再度爆发，发病的有 500 多人，随后又在利比里亚、加蓬等国家流传开来。1995 年这种传染病在扎伊尔又一次兴风作浪，在基奎特市引起 315 人发病，致 244 人死亡。3 000 多人逃离疫区。津巴布韦和南非等国唯恐扎伊尔人把埃博拉病毒带入国内，马上封锁了边境。

2014 年 2 月，几内亚首先爆发埃博拉疫情，随后迅速扩散至利比里亚等其

埃博拉病毒传播途径

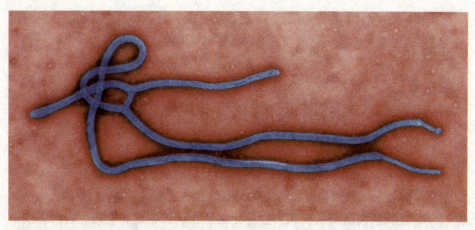

埃博拉病毒真面目

他西非国家。至今感染人数过万，已有数千人死亡。这是自1976年该病毒出现以来最严重的一次。

　　有些科学家认为，埃博拉出血热比艾滋病更可怕。这是因为艾滋病患者可以活相当长的时间，而感染了埃博拉病毒的人，经过一两个星期的潜伏期，并饱受病魔一个星期左右的折磨后，就会七窍流血而死。最令人胆战心惊的是，埃博拉病毒在人体内，会像绞肉机一样把各种组织器官绞碎，因而每当病人发病时，连空气中都散发着血腥味和浓浓的臭味。幸好，这种令人恐怖的传染病目前在非洲以外的地区仅出现过一次。今后，它会不会广泛流行呢？现在人们还不得而知。

层出不穷的传染病

　　从某种意义上说，一部人类发展的历史，就是人类与传染病长期斗争，并不断取得胜利的历史。不过，在与传染病的漫长斗争中，尽管人类最后总是胜利者，但是人们在这个过程中，也付出了沉重而惨烈的代价。直至今日，人类征服各种传染病的战斗仍没有结束。

　　2003年，一场抗击传染性非典型肺炎（简称"非典"）的战斗，在世界许多国家和地区打响。我国作为首报疫情和遭受"非典"重创的国家，率先拉开了围剿"非典"的序幕。

这场风波的开始要追溯到 2002 年 11 月 16 日。那一天，广东省佛山市的一家医院收治了两三位出现严重呼吸系统障碍的病人，但当时并没有引起足够的重视。直到照顾病人的家属和医护人员被传染了，才引起了有关方面的重视。

疫情来势凶猛，病因扑朔迷离。2003 年元月，广东省患病人数不断增加，并出现了几十名医护人员同时被感染的情况。同年 2 月 10 日，中国正式向世界卫生组织报告：广东省出现非典型性肺炎疫情。

"非典"病人的主要症状有持续发热不退，体温多在 38 摄氏度以上，出现一些呼吸道疾病症状，包括咳嗽、气短、呼吸困难等。

科学家们行动起来了。经多方努力，最后终于确定，一种全新的冠状病毒是造成"非典"的罪魁祸首。然而，"非典"病魔并没有停止作恶，而是把魔爪伸向了世界各地。由于我国和各国人民的共同奋斗，一场全球性的抗击"非典"的战斗终于取得了胜利。

但是，人类抗击"非典"的硝烟还未散去，一场禽流

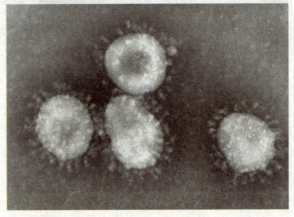
冠状病毒环绕着一圈"光环"

感的风暴就席卷了亚洲多个国家和地区。这场风暴最初引起人们的注意，可能是 2003 年 12 月的事。12 月 5 日，韩国忠清北道的一个养鸡场有 2 万多只鸡病死了。10 天后韩国科学家确定，一种禽流感病毒造成了这一事件。韩国政府马上下令，填埋了疫情发生地的几万只家禽。然而，事情并没有了结。一个月后，禽流感又出现在了韩国其他地方。与此同时，从泰国、越南、印度尼西亚到中国的亚洲国家和地区，先后爆发了禽流感。2004 年 1 月，日本也发生了禽流感疫情。

虽然发现禽流感已有 100 多年的历史，但人类还没有掌握有效的预防和治疗方法，只能通过消毒、隔离、大量宰杀禽类等方法，阻止病毒的蔓延。1997 年香港禽流感曾使 18 人得病、6 人死亡；在 2003 年的禽流感疫情中，泰国和

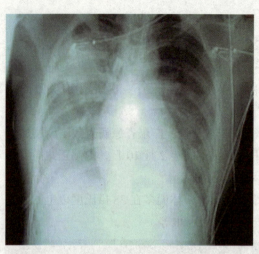
"非典"患者的胸片上出现了一大片阴影

越南仍有十多人被死神夺去了生命。但通常禽流感只是在禽类中传播。

为什么人类一直与传染病为伍？为什么众多的细菌和病毒总是伺机对我们下毒手？为什么这些年各种瘟疫接连不断？要知道，自从出现生命以来，生物之间你死我活的竞争就从来没有停止过。生活方式和自然环境的改变，使人类面临了更多的威胁。近年来流行的艾滋病、非典和禽流感就是很好的说明。

植物的一生

地球上的绿色植物生生不息、代代相传。春天，我们播下一颗种子，要不了多久，就长出了根、茎、叶，绽放出鲜艳的花朵。金秋十月，硕果累累，是植物丰收的季节。植物的一生，是植物生长、发育的一生，是植物适应环境的一生，是植物保持多样性的一生。

植物界是个趣味盎然的世界。亲爱的读者朋友，你知道：

为什么树大根深？

植物能啃石头吗？

世界上有无叶树吗？

为什么有些植物先开花后长叶？

花儿是从哪里来的？

花都是香的吗？

世界上哪一种花最大？

世界上有多少种子？

种子会周游列国，到各地旅行吗？

植物中有"流浪汉"吗？

世界上有"胎生"的植物吗？

植物中有"杀手"吗？

植物中有"亲家"和"冤家"吗？

为什么葡萄、杨梅和芋艿等都是圆球形的？

植物有分身术吗？

人工种子是怎么回事？

植物会影响历史的进程吗？

读完本章，上面这些疑问也许就能迎刃而解了。

为植物编写户口簿

　　260多年前，在北欧拉普兰地区，成千上万头牲畜莫名其妙地死去，这令当地农民苦恼不已。瑞典生物学家林奈来到了这个地区，没多久，他就揭开了其中的秘密。原来，这个地区长着一种能毒死牛羊的野草，名叫毒芹。林奈感到十分奇怪，既然这种野草叫毒芹，就肯定有毒，为什么当地人还让牛羊食用呢？结果发现这种植物在拉普兰根本不叫"毒芹"。原来，那时候，人们对浩如烟海的植物还没有统一的命名方法，尚未进行科学分类。因此，有时候同一种植物往往有许多名字，而不同的植物却被冠以同一个名字。为了避免类似的悲剧重演，林奈决心对植物进行科学分类，为植物编写一本"户口簿"。

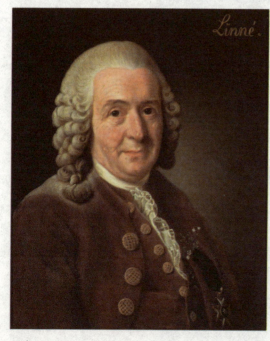

林奈

　　1732年，刚满25岁的林奈开始了艰苦卓绝的拉普兰探险。在历时5个月的长途跋涉中，他跨沼泽，穿林海，步行千里，历尽千辛万苦。所到之处，他采集了各种植物的标本，描述各种奇异的花卉。有时候吃不到面包和水，他就饥食生鱼、渴饮鹿乳。在这种艰苦的环境中，他一边考察，一边思索，动手创立植物的分类系统。

　　1737年，林奈的重要著作《自然系统》在荷兰出版了。此后，他又相继发表了《植物学基础》《植物志属》《植物志纲》等名著。在这些著作中，林奈把自然界划分为动物、植物和矿物三大类别，每一类里又分为"纲""目""属""种"。植物的常用名就由属、种两部分组成，前者为属名，后者为种名。

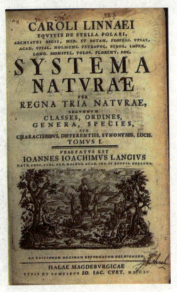

在这同时，林奈提出了举世闻名的植物命名方法——双名命名法。前面为植物学名，一律采用拉丁文，这使混乱的植物名称有了专用术语，后面再加上定名人的姓名。犹如一个人的姓和名一样，有了这两个部分，一种植物便被确定了。自从林奈创造了双名法以后，科学家们发现和命名了几十万种植物，为植物编写了"户口簿"，这在科学史上具有划时代的意义。

通过许多生物学家的努力，根据植物的形态和构造，为植物进行分类的学科——植物分类学

林奈的重要著作《自然系统》

终于问世了。林奈无疑是近代植物分类学的奠基人。

植物名称的由来

每一种植物都有自己的名称。这些名称是怎么来的呢？人们往往根据植物的特征，如形状、颜色、气味、习性、产地等，分别给它们取了名字。

不少植物的名称是非常有趣的。我国云南南部的热带森林里有一种树，它的根肥大而臃肿，活像一只特别大的萝卜，所以就叫"树萝卜"。其实，它同萝卜毫无关系，也不像萝卜那样可以食用。

中药店里有一种草药，叫作"白头翁"。由于它的茎和叶子上密密麻麻长了许多长长的白毛，连靠近根的地方也长了不少白茸茸的细毛，看上去就像老人的白头发，因此有了"白头翁"这个名字。

"哑巴吃黄连，有苦说不出。"味道极苦的黄连，因为根是黄色的，形状像一串连珠，就被人们称为"黄连"。

还有不少植物的命名与传说有关。相传一位患肾炎水肿的农民，服了一

旅人蕉像一把把打开的折扇　图片作者：Milei. vencel

种草药以后就康复了。他感激万分，常牵着牛到山坡灌木丛中，对那种草药表示谢意。从此以后，那种植物便被称为"牵牛子"，并且名扬天下。

中药何首乌也有一番来历。据传，唐朝有位姓何的贫苦农民，因为反抗官吏的欺压，逃到附近的深山去了。每当饥肠辘辘时，他就在山里挖取像山芋一样的东西充饥。据说，此人活到130多岁，头发依然是漆黑的。后来，人们就把这种植物叫作"何首乌"。

旅人蕉是热带、亚热带地区一种别致的观赏树。它的茎不分枝，叶片聚生于茎顶，宛如一把展开的折扇。这种植物的叶柄里储藏着许多水分。在高温中旅行的人们，一旦口渴难熬，便可把它的叶子砍下，这时从叶柄流出的汁液，就是清凉可口的饮料。因此，旅行者们亲热地称呼它为"旅人蕉"。

也许有人认为，"冬瓜"这个名字有点名不符实，因为它不是冬天结果的。其实，"冬瓜"的得名是因为它可以盐腌和蜜渍，留到冬天吃。

树大根深

俗话说："树有多高，根有多深。"如果到地里拔起一棵成熟的棉花，你会发现，它的主根很像主干，侧根好像侧枝，整个根系就像一棵倒置的棉花。

树大根深在植物界是普遍的现象。有人计算过，一棵小麦的根有 7 万多条，把它们一一相连，总长度达 500 多米；一株玉米长到 8 片叶子时，侧根的数量就有 8 000~10 000 条；一株抽穗的黑麦的根共有 1 400 万条，如果把它们全都连接起来，总长达 600 千米，另加总数 150 亿条根毛的长度，总长度竟有 1 000 千米以上。植物的根不仅多，而且钻得深：野地里 20 多厘米高的蒲公英，它的根能钻到 1 米深的地下；沙漠地区的小灌木骆驼刺，根能扎入 15 米的深处。植物的根系是庞大的，它的总面积往往是地面上枝叶可覆盖面积的 5~15 倍。

棉花的根深深地扎进土里。

《水浒传》中的鲁智深力大无穷，竟能把大相国寺内的垂柳连根拔起。为什么倒拔垂柳会被看作大力士呢？这是因为树大根深，植物的根在土壤中伸向四面八方，像千万个船锚一样抓住土壤，把植

芒果树的根错综复杂　图片作者：Aaron Escobar

物牢牢地固定在大地上，大风刮不走，暴雨冲不倒。鲁智深能倒拔垂柳，两臂无千斤之力是不可能的。

根深叶茂。根把植物固定在原地，它们默默无闻地在地下寻找、吸取水分和营养物质，保证自身生命活动的正常进行。因此，可以毫不夸张地说，没有根，就没有茎、没有叶、没有花、没有果，也就没有植物。

植物能啃石头吗

看了这个题目，不少人会摇头：植物没有嘴，怎么能啃石头呢？

在回答这个问题以前，不妨先让我们来做一个实验。在播种的季节，掘开花园内或郊外的黑色土层，挖到二三十厘米深处，把一块磨光了的大理石埋进去，斜着埋或水平埋都可以。然后，用黑土把石板盖住。在石板上面，距离地面四五厘米的地方，再播下几粒豆科植物的种子。等到秧苗出土、茎蔓吐须的时候，挖开土层，就会看到植物的一部分根遇到了石板，紧紧地贴在光滑的石面上。这时把大理石刨出来，用清水反复冲洗，就会发现，不知是谁在光滑的大理石表面刻上了网状的条纹。

是谁刻制的呢？这个雕刻家就是根！根通过许多根毛紧紧粘贴在大理石板上，它们分解了大理石的碳酸钙，把分解出来的氧化钙吸收到根里去，于是大理石和根接触的地方就出现了一条条网纹。植物就是这样啃石头的，这也是它通过根吸收养料的一个证据。

植物的根能"啃"石头

图片作者：HK Arun

植物的根为什么能啃石头呢？原来，植物的根在呼吸时放出的二氧化碳，遇到水后会形成碳酸。另外，植物的根还会分泌柠檬酸、苹果酸等有机酸。这些酸能够溶解一些难溶解的矿物质，植物就是利用它们来溶解石头，从而获取自己需要的物质。

植物的根，不仅能把植物牢牢地固定在大地上，为植物提供水分和矿物质，还是个多功能器官呢。

根是个储藏营养物质的好场所。甘薯、甜菜、胡萝卜和萝卜等植物的根，完全变成了营养物质的"大仓库"。你看，它们的根变得又肥又大，里面储藏了大量的糖和淀粉。

根还是植物的"大工厂"。它们在地下合成着地上植株所需要的氨基酸、植物激素和有机酸。在这方面做得最出色的要数豆类植物的根了，它们与周围土壤中的根瘤菌联手办起了"氮肥化工厂"：把空气中的氮转化为氮肥。

应该说，繁殖后代不是根的使命。可是，在特殊情况下根也会挺身而出，把这一任务承担下来。例如，把蔷薇的地上部分全部剪除以后，根就会重新长出新枝。

植物的支柱

不管是参天大树，还是葡萄、丝瓜等蔓生的藤本植物，或是匍匐地面的小草，它们都有茎。茎是植物的支柱，下面连着根，上面与枝叶、花和果实相接。茎支撑着植物繁茂的枝叶，使它们充分展现在金色的阳光下；又担负着植物体的运输任务，把从根部吸收的水分和矿物质输送到叶内，同时把叶内产生的有机物质送往植物的其他部位。

植物的茎大小、粗细、长短不一。据报道，地中海西西里岛的埃特纳火山上，有一棵大得出奇的大栗树。据说古代一位国王的王后雅妮一次带百骑人马到那里游览，突然天公不作美，下起了瓢泼大雨，百骑人马急忙躲在这棵大栗树下，树荫刚好为他们挡住了风雨。为此，人们便把这棵树称为"百骑大栗树"。

豇豆的攀缘茎使得它能够爬上杆子生长

有人做了一番测量，此树树干直径超过 17 米，需 30 个人手拉手才能围住。然而，路边的小草却高不盈尺，十分纤细。澳大利亚的杏仁桉是植物中的"巨人"，它可以长到 156 米高，相当于 45 层楼房的高度；而蒲公英、车前草等小草，茎却短到几乎看不出来。

西瓜有匍匐茎，向四周蔓延生长

植物的茎是五花八门的。大多数植物的茎是圆柱形的，但是也有少数"另类"。例如，薄荷的茎是方形的，莎草的茎是三角形的。杨、柳、稻、棉等植物的茎直立于地面之上，这是直立茎。牵牛花、马兜铃和山芋等植物的茎，会缠绕在其他物体上向上生长，这是缠绕茎。葡萄、丝瓜、黄瓜等植物的茎上，有卷须，能附着在其他物体上攀升；爬山虎的卷须末端生有吸盘，因而能爬墙攀树，这些都是攀援茎。我们铺草坪用的结缕草和人工栽培的草莓等都是匍匐茎。这种茎细而长，平卧在地面上，向四面八方蔓延生长。匍匐茎的蔓延速度很快，你在地面上每隔一定距离种上一条条或一块块结缕草，用不了一两年，就会连成一大片又软又厚的"天鹅绒"草坪。芦苇、竹子和茅草等植物有根状茎。它们在地下横向蔓生，所以常成片生长。这些植物的地上部分入冬时会枯死，然而埋在地下的根状茎却能在来年春天发芽。古诗中说的"野火烧不尽，春风吹又生"，就是这个道理。

此外，还有各种各样的变态茎。马铃薯的根状茎末端会膨大成短而肥厚的块状，这就叫块茎。慈姑、荸荠和芋头的根状茎末端会膨大成球形，这就叫球茎。剥开洋葱、百合和水仙的肉质鳞片，可以见到包在里边的扁平或圆盘状的东西，这是缩短了的茎，人们称为鳞茎。

绿叶的秘密

一位著名的植物生理学家曾经说过："如果您为一位最好的厨师提供足够的新鲜空气，足够的太阳光和足够的水，请他用这些东西为您创造糖、淀粉和食粮，他一定认为您是在和他开玩笑，因为这显然是空想家的念头。但是，在植物的绿叶中却完全能够做到。"

然而，在200多年前，人们还不知道绿叶的这一神奇功能。那时，不少人担心，地球上人类每天要呼出10多亿吨的二氧化碳，加上工厂、机车、轮船排出的废气，动物呼出的二氧化碳，大地上的氧气会逐渐耗尽；再过500年，人们就会窒息而死。

绿色的叶片犹如一座座微型实验室

地球上会不会出现这样的悲剧呢？1771年8月18日，是人类最早揭开绿叶秘密的日子。那一天，英国科学家普利斯特利当众做了一个实验：在一个玻璃罩里燃烧蜡烛，将"浑浊"的空气分成两份，引到两个密封的玻璃罩里，并在一个玻璃罩内放入一支薄荷的枝叶。几天以后，他把两只老鼠分别放进这两个玻璃罩里。结果，在没有薄荷枝叶的玻璃罩里，老鼠因缺氧停止了呼吸。而有薄荷枝叶的玻璃罩内，老鼠却在焦急地奔跑；一天过去了，玻璃罩内混浊的空气变得洁净了；两天以后，老鼠仍生活得很好；到了第七天，老鼠还活着，薄荷枝叶上长出了一些新枝。于是，普利斯特利认为，薄荷能净化空气，植物能使空气清新。

8年以后，荷兰人胡兹在著作中指出，植物在阳光下能使空气变得清新，增加大气中的氧气，光是绿色植物发挥这一作用的必要条件。

到了1782年，瑞士人谢尼伯通过实验发现，绿叶能在阳光下制造出氧气来。他把植物嫩枝浸在有水的玻璃管里，阳光下嫩枝显得碧绿可爱。然后，他用一根细麦秆往管内的水中吹气。谢尼伯等待着，目不转睛地注视着，不一会儿，奇迹出现了：绿叶上布满了珍珠似的小泡泡。这究竟是什么呢？他用一支试管小心翼翼地把这些气泡收集起来，将一根冒烟的干木柴放进试管中，顿时它火花四冒，燃烧了起来。原来，这个气泡里有着氧气。他一下子明白过来：植物的绿叶在阳光下会吸进二氧化碳，放出氧气。

1862年，人们才了解，淀粉是绿叶光合作用的第一个肉眼可见的产物。那时，

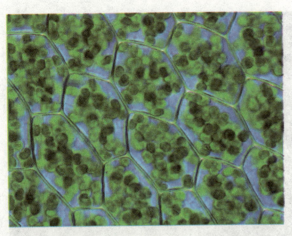

叶片中的叶绿体是进行光合作用的场所
图片作者：Kristian Peters——Fabelfroh

科学家用实验证明：碳水化合物和氧气是绿色植物用水和二氧化碳制造出来的。到了18世纪末，荷兰人英格豪斯才把绿色叶子的这一重要的生理活动，明确地称为光合作用。

由此看来，植物在阳光照耀的时候，在绿叶的内部每时每刻都在完成着化学家们在实验室里无法实现的事情：把无机物化合成有机物，为植物自己、为大地上整个动物界、为人类制造着食物，同时源源不断地释放出氧气。因此，人们完全不必担心地球上的氧气会耗尽。

无叶树

通常，绿色植物都有叶子。绿叶中的叶绿素在阳光的照耀下，不断制造养料，使植物生机勃发、欣欣向荣。

然而，世界上也有无叶树。台湾相思树是南方常见的行道树。它满树青翠，好像长着许多绿叶。其实，它的叶子已经退化，只剩下披针形的叶柄。这种叶柄是深绿色的，内含叶绿素，也能进行光合作用。如果说，这种树毕竟还有叶柄，不能算真正的无叶树，那么，木麻黄、梭梭和光棍树可算是典型的无叶树了。

木麻黄原产于澳大利亚和太平洋的岛屿上。它的外貌有点像松树，但两者是截然不同的：松树的枝条上簇生着许多长长的针叶，木麻黄的枝条上没有叶子，却有很多灰绿色的节，外形像针叶，也能进行光合作用。木麻黄耐旱、抗风，对土壤要求不高，生长很快。

梭梭是沙漠地区一种多年生的灌木。它没有叶子，用多节的肉质嫩枝来代替叶子进行光合作用。在炎热干旱的夏季，梭梭开花后进入休眠状态，直到深秋种子才长大成熟。落地的种子只要遇到适当的温度和湿度，两三个小时内就会发芽生长。一经长成，它就有顽强的抗沙能力。

光棍树身高3米~6米，一年到头树上全是一些光溜溜的绿色枝条，不长叶子，枝顶上偶尔长了一些叶子，也很小，几乎看不清楚。它也是用绿色枝条进行光合作用的。光棍树原产非洲，现在我国已引种成功。

木麻黄、梭梭和光棍树都生活在干旱地区。为了适应严酷的环境，减少体内水分的蒸发，它们的叶子退化了，或者干脆消失了。这是植物长期适应干旱环境的结果。

木麻黄没有叶片，只有绿色的节
图片作者：Eric Guinther

花从哪里来

美丽的鲜花是从哪里来的呢？希腊的神话说，白玫瑰是酒神们在宴会上流出来的香汁变成的；红玫瑰是女神阿弗洛狄忒的手指被玫瑰刺扎破后，流出来的鲜血染成的。在我国古代也有类似的传说。《秋翁遇仙记》说花儿是由仙女们变的，牡丹花是牡丹仙子变成的。

直到200多年前，人们才对花的由来有了正确的认识。1790年，德国诗人歌德说："花是由叶子变成的。"经过许多科学家的观察和实验，花的来历才真相大白：它确实是由叶子演变而成的。

从外表看，花和叶似乎毫无共同之处。然而，它们并不是风马牛不相及的。一品红是人们常见的一种花卉，但那红艳似火的并非花，而是叶子。鸡冠花那红色的"帽子"，也不是花，而是变扁了的茎。

如果你仔细观察花的各个部分和发育过程，就会发现花和叶、枝之间有着密切的联系。通常，一朵花是由花萼、花瓣、雄蕊、雌蕊和花柄、花托等组成的。

花的最外一层有一轮绿色的小萼片，同叶子几乎一模一样，这就是花萼。里面一轮是花瓣，它们是薄片状的，上面有脉纹，这与叶子也很相似。乍一看，雄蕊和雌蕊的形状似乎跟叶子不一样。但是，如果你认真观察玉兰、木兰和含笑的花，就会发现它们的雄蕊有的像一片长了三条叶脉的叶子，有的"叶子"变窄了，只有一条脉。这时，你就会恍然大悟：雄蕊是由叶状逐渐变成丝状的！雌蕊的形态也各不相同：有的像刚折卷过来的叶子；有的已卷成窄瓶状，"瓶口"还未封好；有的却成了细颈的"瓶子"。这些都充分说明，雌蕊是由叶片变态折卷成的。当然，由枝叶变成花并不是一朝一夕的事，这是植物长期进化的结果。

花最外层绿色的萼片很像叶子

花中之王

1818 年 5 月，时任英联邦爪哇省总督的拉夫尔兹爵士从苏门答腊旅行归来，在信中写下了这样一段话："此行最大的收获是发现了大花草。对于它，我想任何生动的描写都将显得苍白无力。这是世界上最大、最了不起的花，直径超过 90 厘米，重量超过 7 千克。"

拉夫尔兹爵士和他的旅伴、著名博物学家阿尔诺利基发现的大花草，是大花草家族 12 个成员中最大的一个，也是举世无双的最大花朵。阿尔诺利基给大花草定了名，因此后人就把它称作"阿尔诺利基大花草"。

这种植物生长在印度尼西亚的爪哇和苏门答腊的热带森林中。它的每一部分都出奇地大：花瓣大，圆盘大，花蕊也大。每片花瓣长三四十厘米，厚三四厘米；中央的大圆盘，其实是个直径 33 厘米、高 30 厘米的大蜜槽，里面可容纳五六千克水。根据标本测量，阿尔诺利基大花草的直径是 70 厘米 ~90 厘米，最大的有 106.7 厘米，不愧为花中之王。

大花草一生只开一次
大花草的样子怪异，气味难闻　图片作者：Steve Cornish
花，从初放到盛开，往往需要一个月的时间。刚开花的时候，大花草会溢出阵阵香气，但过不了几天，它就会发出一种非常难闻的恶臭味。这股臭气正好引诱苍蝇和甲虫飞来采蜜，帮助它传授花粉。

有趣的是，它的花儿虽大，种子却小得出奇，人的肉眼几乎难以分辨。特别令人难以相信的是，如此巨大的植物，竟然没有根、茎、叶，不能进行光合作用。那么，它的养料从何而来呢？原来，大花草是过寄生生活的。它那退化了的茎，变得像蘑菇的菌丝一样，一头扎进野生植物白粉藤的根茎上，贪婪地吸取大量养料，使庞大的躯体能正常生活。

花香扑鼻

我国古代有个"踏花归去马蹄香"的故事，说的是一只蝴蝶沿着马的脚印，一直追踪飞到马厩里，停在马蹄上。这是怎么回事呢？人们经过一番观察和研究才发现，原来这匹马曾在百花吐芳的田野上奔跑，马蹄上沾染了花香，于是它的每个脚印上便散发出香气。那只蝴蝶把马蹄当成了芳香扑鼻的鲜花，因而跟踪到了马厩里，并停歇在马蹄上。这个故事道出了花香与昆虫的关系，说明了植物花香的作用——吸引传粉者。

其实，并不是所有的花都是芳香馥郁的。有人对 4 189 种花儿做过一个统计，其中不香的有 3 349 种，香花只占了花儿总数的 18.7%。

花香能够吸引蜜蜂前来采蜜、传播花粉

为什么有些花儿芳香扑鼻，有些花儿就不香呢？这是因为有些植物的花瓣里有一种油细胞——制造香味的"工厂"，能分泌出有香气的芳香油。这种芳香油很容易挥发，它的分子扩散在空气里，就香飘四方了。另一些植物，花瓣里没有油细胞，不能制造芳香油，但是在新陈代谢的过程中，会不断产生芳香油。还有一些植物，花瓣细胞里含有一种特殊物质——配糖体。配糖体本身是没有香味的，可是当它被分解后，也能够散发出芳香来。各种香花分泌芳香油和分解配糖体的能力不一样，因而就有香气浓淡之分。大多数植物的花儿，既没有分泌芳香油的细胞，又没有配糖体，所以这些花儿就没有芳香。

有趣的是，花香的浓淡还与花色、气候和开花时间有密切的关系。一般来说，花儿的颜色越浅，香味越浓；颜色越深，香味越淡。热带地区阳光直射，花香大多浓烈；寒带地区阳光斜射，花香大多淡雅。在一天之中，阳光强烈、温度高的时候，花的香味较浓，飘散得较远。通常，花儿的香味大多在下午三时前后较浓，但是夜来香、晚香玉和夜合花却在日落以后放香。这是因为夜间没有太阳照射，空气湿度较大，这些花瓣上的气孔张得较大，扩散到空气中的芳香油较多，放出来的香气也就特别浓郁。

大自然里，有香花也有臭花。在所有的花卉中，臭花所占的比例较少，却有一定的数量，分布也很广泛。由于发散的怪味、臭味实在难闻，因而它们无人问津，大多在野外自生自灭。

有一种蜘蛛草，它的花容貌奇丑，颜色很像腐肉，气味也臭得出奇。有位画家别出心裁地给它画像，不料临摹时实在受不了这种怪臭味，只得将它放进玻璃罩里，然后仔细观察，不慌不忙地挥动画笔。谁知道，有一种苍蝇偏偏喜欢同蜘蛛草为伍，前来光顾产卵。蜘蛛草就靠这种苍蝇传播花粉、繁衍后代。

香花不仅美化着人们的生活，还有很高的经济价值。它们是提取高级香料的重要原料，如名贵的玫瑰油、茉莉油，就是从玫瑰花、茉莉花花瓣中提炼出来的。

花香治病也得到了广泛的应用。人们发现：从桂花中提取的芳香油，有止牙痛、化痰生津的作用；丁香花中的丁香油，能健胃祛风、提神醒脑；玉兰花中的挥发油，可治头痛鼻塞、过敏性鼻炎等。

果实累累

绿色开花植物生长发育到一定阶段，就会开花，结出果实。

世界上没有不开花而结果的植物。也许有人会问：有没有例外呢？无花果不就是无花之果吗？其实，无花果是有花的。这种植物的花多得不计其数，只不过它们很小很小，而且躲藏起来，不容易看到罢了。无花果的花在哪里呢？这种植物的果实像个大肉球。如果把它掰开，再用放大镜观察，就可以看到里面有无数小凸起，它们就是躲藏起来的花朵。

果实是植物的繁殖器官，它们形形色色、五花八门。我们都吃过苹果和桃子，它们味甜汁多、香气浓郁，都是人们喜爱的水果。然而，这两种果实是不一样的：桃子是真果，那层香甜多汁的果肉，完全是由雌蕊下部的膨大部分——子房发育而成的；苹果是假果，那层味甜爽口的果肉，是由花梗顶端生花瓣的部分——花托形成的。

大多数植物的果实都是结在枝头上的。然而，可可、番木瓜等少数植物的果实却是结在树干上的；花生等植物的果实则结在根上。最奇特的要数青荚叶等极少数植物了，它们的果实是长在叶子上的。青荚叶是一种落叶灌木，植株比人略高一些。春

无花果的花都藏身在果实里　图片作者：Eric Hunt

南瓜是植物果实中个头最大的

天, 它那皮革样的叶片上, 会开出浅紫色的花朵, 到 6 月份叶面上便会长出 1~3 个圆球形的小果实。

果实的形状和大小也是多种多样的。热带豆科植物的荚果奇特多样, 有的像耳朵, 有的像大刀, 也有的像盘子, 还有的竟像小孩的围涎。木菠萝可算是长在树上的最大果实了, 一般重 10 千克~20 千克, 最大的有 40 千克重。在各种植物的果实中, 最大的首推南瓜。1976 年, 美国宾夕法尼亚州有人种出了举世无双的大南瓜, 称一下, 竟然有 204.5 千克重。如果把它烧成南瓜羹, 可以让几百个人吃饱肚子。

在日常生活中, 许多人往往会把果实和种子混淆起来。例如, 金灿灿的稻谷和麦粒, 通常被称为种子。其实, 这些"种子"是由子房发育而成的, 是道道地地的果实。很多人都把葵花子视为种子, 要知道, 这也是由子房发育而成的果实。不过, 我们吃进肚子里的是种子, 而吐掉的壳却是果实。

种子博览会

世界上有多少种子呢? 在绿色的植物王国, 能形成种子的植物一共有 20 多万种。如果把天下所有的植物种子都一股脑儿地陈列出来, 那真是琳琅满目、千差万别, 可以开一个盛大的"博览会"了。

如果你有幸来到这个"博览会", 首先吸引你眼球的是种子的奇特形状。你看, 豌豆种子圆圆的, 扁豆种子扁扁的, 大豆种子椭圆形的, 大麦种子纺锤形的, 菜豆种子肾脏形的, 桃的种子心脏形的……多数种子表面光滑发亮, 但也有的外表粗糙, 上面还镶着花纹。有的种子上面长着钩刺和小瘤, 有的还长着茸毛和翅膀呢。

出现在你眼前的是一个五彩缤纷的世界。红、橙、黄、绿、青、蓝、紫、黑、白等颜色的种子，使你眼花缭乱。不同植物的种子颜色不一样，即便同一种植物的不同品种，色彩也各不相同。就拿谷类植物来说吧，黄谷赛金，白谷如银，红谷像火，黑谷若炭，紫谷似染，花谷斑斓。

单单是我们吃的蔬菜种子就各不相同，你能认出它们来吗？第一排从左到右：香菜、黄瓜、生菜。第二排从左到右：苋菜、空心菜、黄秋葵

在这个"博览会"上，种子世界的"巨人"和"侏儒"会让你大跌眼镜。一粒芝麻是微不足道的，重量只有0.004克，1万粒芝麻只不过40克重。如果你以为芝麻是世界上最小的种子，那就大错特错了。白杨的种子比芝麻粒小得多，只有芝麻粒重量的三十三分之一，1万粒白杨种子才重1.2克。然而，白杨种子也不是最小的种子。种子世界的"侏儒"是一种叫斑叶兰的种子，它小得像灰尘一样，1 000万粒斑叶兰种子只不过5克重。我们常见的南瓜、西瓜和橘子等植物，它们的种子重量都明显超过芝麻粒。油瓜的种子比鸡蛋还大，因此有"瓜子王"之称。但是公认的种子世界的"巨人"，是生长在非洲塞舌尔群岛上的复椰子树的种子，一粒种子可以长达50厘米，重量竟有15千克，真是世界之最！

在这个"博览会"上，你还可以见识一下种子世界的"短命鬼"和"老寿星"。沙漠中的梭梭树的种子，只能活区区几个小时，实在是个"短命鬼"。柳树和橡胶树种子的寿命比这长多了，不过也只有几个星期。谷类植物种子的生命力，可维持5~10年。在种子世界中，古莲子是名副其实的"老寿星"。在我国，就有千年古莲子开花的佳话。

这个"博览会"还会告诉你，植物种子对人类的贡献是多么巨大。我们的粮食，大多来自植物的种子。我们吃的蔬菜中，很多也是植物的种子。我们的生活离不开植物的种子，它们是当之无愧的"绿色宝石"。

奇妙的种子旅行

在屋顶的瓦缝里，有时会长出野艾、鹅肠草等野草来。在悬崖峭壁上，人们常常可以看到苍劲的青松巍然屹立。这些植物是从哪里来的呢？原来，植物为了繁殖后代，它们的果实和种子在自然界的风、水、动物和人的帮助下，会周游列国，在异乡扎根生长。

很多植物的种子非常轻，风能把它们吹送到遥远的地方。山杨的种子，每粒只有五万分之四克重；梅花草的种子，10 万粒只不过 3 克重；天鹅绒兰的种子更轻，50 万粒才只有 1 克重。它们经风一刮，就高高地飞起，飞得很远，一旦散落在湿润的土壤中，便生出纤细的幼芽。

有趣的是，有些靠风传播的果实和种子，居然还长出了一些特殊器官来配合飞行。百合和郁金香的种子是薄片状的，它们在风的吹拂下，好像滑翔机似地在空中翱翔。生长在我国南方的植物木蝴蝶，种子的三面有翅，成熟后，它们从裂开的果实中飞出来，仿佛一群蝴蝶在翩翩起舞。

蒲公英的果实又轻又小，头顶上长着一圈白绒毛。经风一吹，它们就漫天飞舞，宛如一朵朵降落伞飘向他方。草原上羽茅的果实，头上长有长长的"羽毛"，它们随风飘扬，飞得很高。风停了，"降落伞"会自动控制，使果实垂直降到地上，插进土中。

在浩瀚的海洋里，有些荒无人烟的小岛上长了许多椰子树，这是随着海流漂去的椰子长起来的。

也许有人会问：椰子在水里会不会被泡烂呢？不会，它们披了一件又轻又牢的"游泳衣"，泡在水里很久也不会腐烂。像皮球那么大的椰子，果壳表面有一层果皮，像皮革一样不透水；在果皮的里面，有毛发一样的纤维组织，充满了空气，使椰子能浮在水面上。它可以随海水漂流到很远很远的地方，碰到浅滩或被海浪冲上岸边以后，在适宜的条件下，就在新的海岛上萌发生长了。

睡莲种子的外面套了个"救生圈"———一种海绵质的带子。漂浮在水面的睡莲种子，可以随波逐流来到远方，直到带子腐烂了，种子便沉入水底生根发芽，长出新的植物来。

在自然界里，有些植物是依靠生物来传播种子的。在金秋时节，山林里的柿子、南天竹、野蔷薇的果实，一串串地挂在枝头上，犹如黄玉、红宝石在阳光下闪闪发光。鸟儿在那里欢蹦乱跳，啄食自己爱吃的果实、种子。有些种子在鸟的胃肠中不容易消化，就随着鸟粪排出体外。鸟儿飞到哪里，哪里就有散落地面的种子。

蒲公英的种子轻飘飘的，宛如降落伞
图片作者：John Fielding

生物学家达尔文分析过一种鸟的粪便，发现里面有 12 种植物的种子。他将石鸡腿上黏着的一小块硬土保存了 3 年，然后把它敲碎浸湿。过了一段时间，这块土中竟培育出了 82 株植物。

许多植物没有甜美的果实，但它们的种子会用毛、刺、钩、针挂在人们的衣服上，或黏附在动物身上，作"免费旅行"。苍耳、鬼针草、龙芽草、牛膝等种子，就是这样"远走高飞"的。

植物"流浪汉"

"风滚草，风滚草，风滚千里遥。不说不知道，说起风滚草，确实很奇妙。"这是我国东北曾经流传过的一首歌谣。

风滚草生活在东北大草原，这是草原上特有的植物类型，包括猪毛菜、刺藜和防风等 10 多种植物。每当秋风刮过原野时，风滚草的枝条便向内弯曲，变得像一只球。大风一吹，这草球便脱离根部，随风滚动几十甚至几百千米，四处流浪。因而，人们常把它们称为植物"流浪汉"。

风滚草为什么要到处漂泊呢？原来，它们是利用滚动在传播种子。风滚草果实的开口处长着许多茸毛，使种子不会一下子大量撒落出来。它们借助风力在草原上跳着、滚着，同时沿途将种子散布开来。在这里，一个草球犹如一架播种机，把种子撒在一望无际的大草原上。待到春暖花开时，风滚草的种子便在新的地方发芽生长了。

在土库曼斯坦境内的卡拉库姆沙漠上，有一种植物的果实长得非常有趣：种子在中央，外壳特别轻，像个透明的圆球。在风的吹拂下，它在沙漠上到处滚动，一有机会就扎根生长。为此，人们给它取了个美丽的名字："随风飘"。

牻牛儿苗的种子能随天气变化改变自己的样子
图片作者：Dario Crespi

矢车菊也是有名的植物"流浪汉"。这种植物的果实顶端长有坚硬的冠毛。天气干燥时，冠毛像伞一样张开，把果实撑了起来；雨水或露水把冠毛弄湿了，冠毛就会缩拢，把果实放回地面。天气又变得干燥了，这时冠毛再次张开，果实便重新被抬起来，并向前移动。就这么一伸一缩，果实在干湿交替中慢慢向远方"爬"去，把"子孙后代"带到了各个角落。

有一种叫"牻牛儿苗"的植物，它的种子装备比矢车菊更完美：种子的一端长了很多长芒，另一端还有一些小钩子。天气干燥时，长芒卷成螺旋形；雨天潮湿时，长芒便伸直了。种子就依靠这种伸直的力量，向前推进一步。由于另一端有小钩子钩在地面上，即便长芒因再一次干燥而收缩时，种子也不会向后倒退。就在长芒伸直与收缩的过程中，牻牛儿苗种子缓慢地向前"爬"行，寻找新的栖息地。

先开花后长叶子的植物

大多数植物都是先长叶子后开花的。可是，白玉兰、连翘、迎春花和蜡梅等却先开花，后长叶子。

早春时节，白玉兰开花了。它千花万蕊，皎洁清丽，缀满枝头，一树成花海。这种名贵的庭园植物，以挺立、雪白、幽香的花朵传递着春天的信息。然而，它那倒卵形的绿叶，却要等花落以后才慢腾腾地长出来。连翘是一种可供药用的观赏植物。一到春天，它那小钟状的鲜黄

白玉兰先开花、再长叶子　图片作者：俞怀彤

花儿，便在枝条上铺散开来。由于先开花、后长叶子，它也成了春天的一种名花。我国是迎春花的故乡。迎春花枝条繁多，长而纤细，婀娜多姿。它也是先开花、后长叶子的植物。早在梅花怒放之前，迎春花就已开得朵朵金黄、缀满枝条了，为此它获得了"东风第一枝"的美誉。在先开花、后长叶子的植物中，蜡梅花开得最早。待到寒冬腊月、万花纷谢时，它就凌霜傲雪、含苞欲放，因而又叫腊梅。

为什么这些植物先开花、后长叶子呢？通常，植物的芽分为三种：发育成枝条和叶子的芽叫"叶芽"；发育成花的称"花芽"；既能发育成枝条，又能发育成花的是"混合芽"。一般，树木的芽经过冬季休眠，要等第二年春天才发育成枝叶和花。每一种植物的各个器官对气温都有一定的要求。大多数植物叶芽生长所需要的温度较低，初春的温度已满足了它们的生长需要，叶芽就逐渐长大，并长出叶子来；而对花芽来说，这时的温度还是太低，所以花芽仍然潜伏着，没有长大。于是，它们便先长叶子、后开花了。白玉兰、连翘、迎春花和蜡梅的情况恰好相反：它们的花芽在较低的温度下就能发育，并绽放出鲜艳的花朵，而它们的叶芽却要等到气温高一些时才长出绿叶。因此，就出现了先开花、后长叶子的现象。

植物的"媒人"

19世纪，英国生物学家达尔文在马达加斯加岛上，发现了一种奇特的兰花：

花筒长达 30 多厘米，而花蜜深藏在花筒的基部，一般昆虫根本不可能为它传粉。达尔文预言：自然界既然有这种奇异的花，必然会有一种奇特的"媒人"——一种口吻（头部向前突出的部分）长度与花筒相当的蛾子，可以吮吸它的花蜜，替它传播花粉。

当时，有些昆虫学家认为这是无稽之谈，因为他们从来没有见过这种长吻昆虫。谁知事隔不久，在巴西南部果然发现了这种长吻蛾子，它的口吻长达 30 多厘米，正好可以为这种兰花传送花粉，充当"媒人"。由此可见，花儿和昆虫的关系是何等密切。

据调查，大多数有花植物是由昆虫充当"媒人"的。这些植物会用美丽的花儿、芬芳的气味和味美香甜的花蜜来吸引昆虫。

现已发现，花的颜色和结构，与昆虫的活动有着非常微妙的关系。在北半球的原野上，植物的花往往是黄色、白色、紫红色或蓝色的，因为那里的许多昆虫对鲜红色的辨别力较差。在靠近热带和亚热带的地方，花儿常常呈鲜红色，这是由于那些地方生活着能分辨鲜红颜色的蝶类。蛾类大多数在夜幕降临后活动，所以那时开的花多为白色，而且香味浓郁。

有趣的是，有些花竟有便于昆虫传粉的独特构造，甚至能"强迫"昆虫为自己充当"媒人"。有一种叫萝藦的多年生蔓草，昆虫一飞到它那带有紫红色斑点的白花上，脚就会陷入花瓣的缝隙里，等到好不容易从缝隙中挣扎出来时，脚上已沾满了花粉。使人感到惊讶的是，有些花儿还会挑选"中意"的昆虫为自己做媒。例如，金鱼草的花平时闭合着，只有它喜爱的一种小蜂飞来时，它才欣然开放。而别的昆虫前来"叩门"，它会置之不理，将对方拒于"门外"。

萝藦能"强迫"昆虫为自己传粉　图片作者：Dalgial

一些吸食花蜜的小鸟，如花蜜鸟等，也成了出色的植物"媒人"。在美洲，有一种蜂鸟是世界上最小的鸟。它们常常穿梭于花丛间，将那细长的尖嘴，伸到花朵里面吸取花蜜。因而，有人就把这种鸟叫做"吻花客"。因为它们频繁往来于花朵之间，东钻西闯，就把身上沾带的花粉，传授给了别的花儿。

连蝙蝠这种会飞行的哺乳动物，也热衷于为植物"做媒"呢。据统计，世界上依靠蝙蝠传粉的植物还真不少，大约有40科130多属植物，其中主要是高大的仙人掌和龙舌兰。

"胎生"的植物

世界上竟然会有"胎生"的植物？对此，人们可能会感到疑惑不解。要知道，牛生牛，虎生虎，哺乳动物是胎生的，它们的胎儿在母体里发育完全以后，才来到这个世界。而绝大多数的高等植物，是通过种子的传播来繁殖后代的。那么，这极少数另类植物是怎样繁衍后代的呢？人们发现，它们的种子成熟时，并不马上离开母体，而是在果实中萌发，长出幼苗，就像哺乳动物的胎儿在母体中发育一样。为此，人们便将它们称为"胎生植物"。

最奇特的"胎生植物"，大概要算红树了。在南美洲、非洲、马来西亚、印度以及我国福建、广东、海南以及台湾的沿海浅滩上，人们往往可以看到枝繁叶茂的海边森林——红树林。涨潮时，它们被淹没在波涛汹涌的海水中；退潮时，它们又重新露出了身影。

如果你看到红树的枝条上挂着一条条绿色的"木棒"，犹如四季豆垂挂在藤架上，就应该想到，这并非果实，而是一株株由种子萌发的绿色幼苗。这是红树的绿色"胎儿"，它们靠吸取母树体内的营养来维持生命。待"胎儿"长到30厘米以上时，它们依靠重力的作用与母体脱离。这时的"胎儿"已是完整的小红树，所以一落入沙泥地上就迅速长出新根，逐渐长出嫩绿的茎和叶子，发育成能独立生活的新红树。每棵红树一年至少要"生"300株小树，于是海滩上便出现了大片森林。

红树之所以靠"胎生"繁殖后代，与它那特殊的生活环境有关。海滩的土壤很咸，再加上大风大浪的袭击，普通的种子根本没法萌发生长。红树为了适应环境，种子先在大树上萌发，长成小树苗后再落下。这样，只要几个小时，它们就能长出根来，不再惧怕风浪了。

现已发现，"胎生"现象并不是红树的"专利"。生长在墨西哥、中美洲和西印度群岛等地的佛手瓜，也有这种本领。那些地方雨季和旱季分明。旱季来临时，佛手瓜的藤蔓干枯，枯藤上还挂着果实。这时，

海滩上的红树林　图片作者：Ron from Nieuwegein

果实里的种子悄悄地吸收果实内部的汁液，渐渐长出新芽，发育成一棵棵幼苗。一旦遇到降雨，幼苗便破"壳"而出，跃入土中，扎根生长。它们会抢在雨季结束前开花结果、繁衍后代。

还有"胎生"的小草呢。这种小草的模样很像稻田里的稗草。我国陕西、甘肃、青海、四川等省就有这种小草，它的大名叫"胎生早熟禾"。秋天来了，小草茎秆顶上的小穗成熟了，就在母株上发芽，长成了幼苗。幼苗落在地上，很快就能长成新的植株。

金灿灿的油菜花

冬去春来，油菜花开出了金灿灿的花儿，摇曳在绿色的田野上，它们为大地铺上了一层巨大的金色地毯。

油菜花是一二年生草本植物。它既是一种蔬菜，又是大名鼎鼎的油料作物。这种植物貌不惊人，一根圆柱形的茎，笔直挺立，周围长出许多长圆形的绿叶。春天是油菜花盛开的季节，茎

油菜花上聚集了许多小花

图片作者：Tilo Hauke

的顶端常聚生着许多金黄色的小花，每一朵花有四个花瓣，整整齐齐地排列成十字形。大田里有成千上万棵油菜，它们不是同时开花的，而是按顺序依次绽开花瓣。油菜花基部有蜜腺，能分泌又香又甜的蜜汁，招引蜜蜂等昆虫前去采蜜。因此，油菜花又是一种重要的蜜源植物。在油菜花开时放养蜜蜂，不但有利于油菜籽增加产量和提高质量，而且能使蜂蜜增产。

油菜结长角果，成熟时会自动开裂，露出棕黄、深褐、紫红、灰黑等颜色的种子。油菜籽的含油率为30%~50%。用油菜籽榨出来的油叫菜油，它含有丰富的维生素和其他营养成分，可供人们食用。菜籽饼是优质肥料，经过处理也可用作饲料。油菜是我国古老的油料作物，已有几千年的栽培历史。在我国，这种作物主要种植在长江流域及以南地区。

绿色"杀手"

许多人都以为，动物之间会互相残杀，而植物世界是风平浪静的。实际上，植物王国中同样充满了生存竞争。在热带森林里，有些绞杀植物是十分凶狠的，它们会把其他植物置于死地。因此，有人把它们称作绿林中的"杀手"。

在我国西双版纳的热带森林里，有几十种藤本植物，有的就是杀害树木的"刽子手"。其中，钻天龙是一种有名的"绞杀者"。钻天龙像游龙舞蛇那样，攀援缠绕在高大的栗树上，伸出几百条章鱼腕足似的分支，或附着于树皮之上，或紧勒于树身之中。它沿着栗树的树干向上下伸展，迅速扩展自己的枝叶根系，与栗树争夺阳光和养料。钻天龙还分

高山榕会把树干团团围住吸取营养　图片作者：Hpkar

泌毒素，抑制栗树的生长，使栗树的枝叶枯萎发黄。最后，栗树被钻天龙活活地"绞死"了。

在我国海南岛的尖峰岭林区，人们可以看到另外一种绞杀的情景，"杀手"是一种叫高山榕的藤本植物。与钻天龙相比，它的手段更加高明。高山榕用自己的果实"引诱"鸟儿来吞吃，鸟儿吃了以后，没消化掉的种子会随着粪便一起排出体外，偶尔落到了树木的枝杈或树干的凹陷处。在适宜的条件下，高山榕种子就在那儿萌发生长了，还生出许多气生根，把树干团团围住。有的气生根索性钻进土壤，靠土壤中的养料使自己长得郁郁葱葱。就这样，它取代了树木的位置，使树木奄奄一息，枯萎死去。

植物间的相互绞杀现象，在美洲的热带森林中更为常见。当地人把这些绞杀植物叫作勒索藤或催命藤。

植物改变世界

一些原本只生长在某个地区的植物，跨越千山万水，在遥远的异地扎根落户。植物的传播看似波澜不惊，却有着深远的意义。它们不仅改变了许多国家百姓的生活，而且影响了世界历史的进程。

中国是最早熟知茶叶生产及其加工技术的国家。大约 850 年时，阿拉伯人通过丝绸之路获得了中国的茶叶。1559 年，他们经过威尼斯把茶叶带到了欧洲。由于价格高昂，在当时的欧洲，茶叶只是贵族享用的高档品。到了 17 世纪初，独具慧眼的英国东印度公司看准了茶叶贸易的商机，花了整整 66 年的时间，才取得了与中国人进行茶叶贸易的特许经营权，但他们只能用白银购买中国的茶叶。后来，在

茶叶通过丝绸之路来到欧洲

英国国内用于购买茶叶的白银日渐稀少了。为筹措白银，东印度公司竟向中国非法输入鸦片，对中国造成巨大危害，并最终导致了鸦片战争的爆发。

糖是从甘蔗汁中提取的，最早的甘蔗种植出现在亚洲。因而亚洲人在品尝糖的甘甜时，欧洲人只能从蜂蜜中体验类似的感觉。直到11世纪，东征的十字军骑士才在叙利亚尝到了糖的甜味。新航路开辟后不久，西班牙、葡萄牙等国开始在加勒比海地区兴建甘蔗种植园，糖才得以进入千家万户。因为栽培甘蔗费时又费力，需要大量的劳动力，这些欧洲国家便从非洲购买大量的奴隶进行劳作。所以，糖对世界的影响不仅在饮食上，它还直接导致了跨越洲际的人口大迁徙。

土豆的出现，弥补了谷物收成不足所带来的粮食短缺。在中世纪的欧洲，一亩土豆田和一头奶牛就可以养活一家人。土豆对世界的意义，在于它养活了许多人。人类的生活和生产之所以能有条不紊地持续着，土豆有着独特的功劳。

人工种子

你吃过鲜嫩的莲子吗？莲子就是莲的种子。你吃过香甜的栗子吗？栗子也是种子。种子是植物繁殖后代的重要器官。

通常，植物的种子是由种皮、胚和胚乳三部分组成的。种皮是种子的"铠甲"，起着保护种子的作用。胚是未来植物的雏形，萌发后就是植物的幼苗。胚乳是储藏养料的地方，为种子萌发提供营养物质。

能不能用人工制造的种子代替天然的种子呢？1978年美国科学家穆拉希基提出了这个大胆的设想。到了20世纪80年代，外形像一颗颗鱼卵或圆

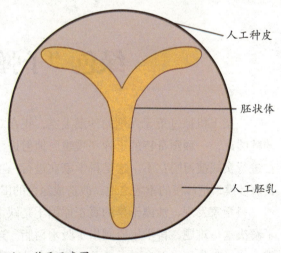

人工种子示意图

人工种皮

胚状体

人工胚乳

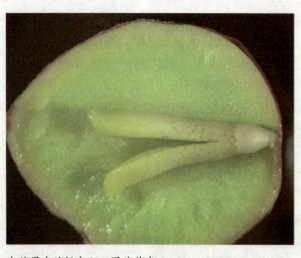

自然界中的银杏胚 图片作者：Curtis Clark

球状鱼肝油丸的人工种子便问世了。这种人工种子的结构与天然的种子差不多，里面是胚状体和人工胚乳，外面再包上人工种皮。

为什么要研究和制造人工种子呢？首先，这是因为从一些植物的根或茎、叶取出一小块组织，经过特殊培养，就能形成胚状体；与天然种子相比，人工种子生产周期较短，效率要高得多。其次，对于在自然条件下不可能结果实的植物来说，有可能通过人工种子进行繁殖。第三，如果在人工胚乳中添加一些农药、植物生长调节剂、营养物质和有用微生物，就可以促进种子的萌发和生长。

如今，科学家已经成功地制造出了苜蓿、胡萝卜、莴苣、黄连等人工种子，这些种子播种后，都已长成完整的植物。我国复旦大学研制的杂交水稻和旱芹等人工种子也已获得成功。法国植物学教授德马尔利预言：人工种子将在农业上引起翻天覆地的变化。

绿色"子弹"

一架飞机掠过荒无人烟的沙漠上空，正在对地面进行猛烈扫射。随着尖利的呼啸声，一颗颗奇特的子弹"噗噗"地射进沙地，溅起了一阵阵沙尘。这是在进行实战演习吗？不，这是科学家在进行一项特殊的实验：用绿色"子弹"征服沙漠，把沙漠的不毛之地，改造成绿色的田野。

科学家发现，沙漠干旱的真正原因不是缺水，而是沙子不能保留水分。为了解决这一难题，科学家研制出了吸水树脂。这是一种无毒的小颗粒，能像海绵一样，吸收相当于自身重量几百倍的水分，当外界缺水时它还能缓慢地排出水分。如果把吸水树脂拌在沙子中，浇足水和养料，种上草本植物，那么用不了多久，就会产生一层薄薄的腐殖质。有人将吸水树脂混入沙子中，种上大麦幼苗后一次浇足水，20~40天后，沙土中仍保留着足以维持大麦生存的水分。

吸水树脂是一种小颗粒

我国的一位科学家别出心裁，设想用绿色"子弹"改造沙漠。要知道，机关枪每分钟能射出成百上千颗子弹。假如把植物的幼苗或种子放入"子弹"中，周围填满吸水树脂，那么在飞机上通过特殊的发射器，就可以对沙漠进行发射播种，把绿色"子弹"射入沙土。这种"子弹"的外壳也与众不同：它非铜也非铁，而是一种能在短时间内自动分解的化学物质。一旦子弹的外壳消失时，幼小的植物就可以利用四周的吸水树脂，吸收水分，茁壮成长。

绿色"子弹"还能用于陡坡两旁的绿化。那里蓄水能力较差，很难进行人工种植。而在行驶的火车和汽车上，向两边发射绿色"子弹"，却是轻而易举的。

用绿色"子弹"改造沙漠，目前还处于试验阶段。不过，我们相信，在不久的将来，这种新颖的播种方式，一定会使荒芜的沙漠披上绿色的盛装。

植物的分身术

一提起分身术，人们自然会想到《西游记》中那个神通广大的孙悟空。他只要从身上拔下一根毫毛，吹一口气，喝声"变"，毫毛马上就变成同他一模一样的神猴。当然，孙悟空是神话中的人物，他的分身术也只是人们的一种想象。然而，具有分身能力的植物，在自然界中却是屡见不鲜的。

常言道："无心插柳柳成荫"。就是说，只要折一根柳枝插在土里，便会生根发芽，长成新柳。这难道不是分身术吗？其实，会分身的植物又何止柳树一种；能分身的部分，也不限于枝条。把秋海棠的叶子埋在土里，它就会向下长出根须，向上长出新叶来。马铃薯的块茎是肥大的地下茎，上面有许多芽眼，每一个芽眼都可以长出新的植物。竹林下的"雨后春笋"，就是从竹的地下茎上冒出来的芽。葱蒜、洋葱的鳞茎，芦苇的根也都能生芽，长成新的个体。植物的这种繁殖方式，就叫无性繁殖。

随着科学的进步，植物的分身术有了惊人的发展。1964年，有人第一次把曼陀罗花粉培养成了一棵幼苗。这就像公鸡下蛋一样，引起了人们的浓厚兴趣。

现在，用一个细胞培养一株植物的研究，也已取得可喜的进展。在整个生命世界中，几乎所有的生物都是由细胞组成的。现在，科学家只要从植物身上取下任何一个细胞，就有可能在试管中培育出一株完整的植物。把一个细胞变成一株植物，确实有点神奇，但这一奇迹已在水稻、小麦、大麦和烟草等植物中出现了。为什么植物会有这种神奇的分身本领呢？因为它们的细胞有一种潜在的"全能性"，也就是说，每个细胞都有可能发展成一个完整的植株。只是这种能力平时被抑制着，没有表现出来罢了。

科学家揭示了植物细胞的这个秘密以后，用非常巧妙的组织培养方法，把细胞一个个分开，甚至用药物剥去细胞的外壁，然后把它们培养在营养丰富、条件适宜并有诱发它们生长、分裂作用的营养液中。这样，细胞的"全能性"就开始表现出来，它们生长着，分裂着……最后形成整株植物。

植物组织培养技术有着广阔的应用前景。为了让光秃秃的荒山披上绿装，人们往往需要大量的树苗。如果用飞机播种，那么没有大量种子是不行

实验室中的植物组织培养　图片作者：王珊珊

的。假如没有数量可观的树苗或种子，大规模造林不就成了纸上谈兵？现在人们借助组织培养技术，可以在短时间内生产出成千上万株苗木。难怪加拿大一位科学家说，从一升培养液里就能倒出 300 万株优良苗木。时至今日，培育一个大森林所需要的树苗，只要用一个邮包就能从一个国家寄到另一个国家了。

太空中的植物

地球上的绿色植物的根都是向下生长的。然而，太空中的植物就不同了，它们的根向各个方向伸展。

在苍茫大地，向日葵总是围着太阳转：早晨，旭日东升，它笑脸相迎；中午，太阳高悬头顶，它仰面相向；傍晚，夕阳西下，它转而凝望。它每天从东向西，始终追随着太阳。可是在太空飞船上，向日葵转动的步伐大大加快。这是因为太空飞船每 1.5 小时就能绕地球一圈，24 小时内有 16 次日出。

与地球上的植物相比，太空中的植物，叶子显得短而厚，更加青翠欲滴。这是因为，在太空中，光合作用的效果更好，植物的生长速度也加快了。研究表明，太空中的小麦从播种到成熟只要 3 个月，比地球上缩短了 1.5 个月；人参上天后，10 天的生长量竟然相当于地球上一个月。

太空中的植物大多枝叶繁茂、果实丰硕。有人曾作过一番观测：只有大半个巴掌大的"麦田"里，居然收获了 150 多穗。可见，太空小麦的产量十分惊人。很多植物种子经过太空"修炼"——太空辐射以后，出现了"脱胎换骨"的神奇效果。例如，精心培育出来的太空辣椒，要比一般辣椒大上一倍，甚至一只长到 0.5 千克重。太

空间站中长出的向日葵幼苗

空苹果也相当出色，比一般苹果重 15%，而且更甜更好吃，维生素 C 的含量也比普通苹果更胜一筹。太空西红柿也大受欢迎，因为它的产量要比地球上的高出 20%，患病率却一下子下降了 40%。

太空育种的进度也大为加快。在地球上，要让变大后的辣椒不再缩小，至少得经过 6 代，历时 10 年。但是在太空中，通常到第三或第四代，花上 5 年时间，植物变异后的某种特性就稳定下来了。

动物的智慧

　　每一种动物都是自然界中靓丽的风景，每一种动物都是我们人类的亲密朋友，每一种动物都有自己的生存智慧。在生存智慧方面，动物要比我们想象的聪明得多。

　　也许有人会问：难道动物也有智慧？是的。已有越来越多的科学家对此持肯定意见。过去人们一直认为，动物是没有语言的。可是如今的研究揭示，各种动物几乎都有自己的"语言"，其中有声音"语言"，也有舞姿、色彩、气味、"灯"光等无声"语言"。以往人们总是认为，只有"万物之灵"的人类才有智慧。可是近年来的考察与研究结论表明，动物也有自己的聪明才智。一大批光彩夺目的动物明星已经崛起。会使用工具的猩猩；高智商的无脊椎动物章鱼；懂得人类语言的含义，并能巧妙地运用这些语言的鹦鹉；深谙循序渐进、因材施教等教育之道的猫鼬；以及会做生意的僧面猴等，也都成了大名鼎鼎的动物智者。令人难以置信的是，连动物的胚胎也有了自己的智慧。

　　动物究竟有没有智慧？这类问题已经困扰了我们好多个世纪，至今仍然没有什么明确的答案。不过，那些认为动物的智慧仅仅是本能的观点，似乎已越来越站不住脚了。因为许多研究显示，在思维的各个领域，有时候动物的确做得非常出色。动物的聪慧令人叹为观止，它们往往表现出高水平的记忆和理解能力，有时甚至还会融会贯通。时至今日，虽然对某些研究成果仍有不同的解读，但"动物也有智慧"的说法，已赢得了越来越多的赞同之声。

动物身份证

对野生动物进行身份识别，对它们的活动进行追踪，并不是一件简单的事。对此，以往人们大多采用给动物佩戴无线电标签，或制作其他电子标记的方法。近年来动物学家发现，有些动物也有自己的"身份证"，也就是能体现它们个体特征的生理标记，如豹子身上的斑点、老虎和斑马身上的条纹等。人们只要通过电脑对野生动物的影像资料进行分析，寻找类似人类指纹那样的独特生理标记，就能确定它们的身份了。于是，被科学家称为"视觉指纹"的新技术问世了。与传统的方法相比，这项新技术使人们能更便捷而高效地对动物进行远距离观测和追踪，不必俘获和麻醉动物，减少了对动物的伤害。

棱皮龟是一种濒危的巨型海龟，已列入国际保护动物的名单。过去为了对这种海龟进行追踪，生物学家通常会给它们佩戴塑料识别标签。然而，这种标签很容易脱落，这也使研究人员的努力付诸东流。

像人的指纹一样，每个斑马身上的条纹都不完全一样
图片作者：Paul Maritz

为此，棱皮龟保护组织和荷兰一家计算机公司共同开发了一套软件系统，通过辨认棱皮龟的"身份证"——这种动物头顶上独特的黄色斑点，确定它们的身份。英国的一个研究团队采用同样的方法，为企鹅作了"人口普查"。他们依据每只企鹅胸部独特的斑点，对它们进

行数字化身份认定。

　　一家野生动物保护组织另辟蹊径，开发了犀牛足印识别软件，通过测量和分析犀牛留下的足印大小和角度，为它们制作了独特的数字化"身份证"。眼下，在世界范围内，对动物"身份证"的探索、研究和应用等工作正方兴未艾。

动物胚胎的智慧

　　最新研究表明，许多动物在出生以前就已拥有应对周围环境的某些能力。

　　在热带地区的池塘边，一块块红眼树蛙的卵块悬挂在树叶上。即便暴风雨撼动树枝，它们仍岿然不动。突然，一条饥肠辘辘的蛇咬住了一个卵块的一头。奇怪的是，卵中的胚胎竟然从不同寻常的振动中感觉到了危险。这些差不多已成熟的胚胎会提前孵化出来，像雨点似地从叶片上掉落水中，然后逃之夭夭。红眼树蛙卵的生存智慧，令科学家叹为观止：在大难临头的危急时刻提前孵化，不失为一种绝妙的逃生策略。

　　一些卵块由母亲照料的动物，在预感到天敌的危险时，也会提前孵化。衔着卵块的喷液蛛，遭遇掠食者的袭击时，会无可奈何地放下卵块，赶紧吐丝自卫。这时，小蜘蛛就会提前孵化出来。在这种情况下，喷液蛛母亲是怎样将大难临头的信息告诉卵中的后代的，目前还不得而知。

　　现已发现，动物胚胎也有学习能力。科学家用林蛙卵做了一个"恐吓"实验。研究者把一些林蛙卵放在有着许多死蝌蚪的水中，不出所料，那些快要长成蝌蚪的胚胎惊慌失措了。接着，科

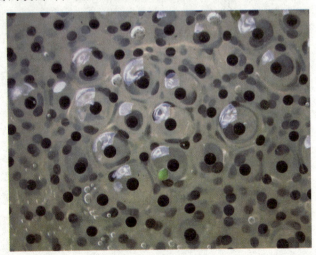

蛙卵
图片作者：Tarquin at the English language Wikipedia

学家又将一些林蛙卵置于放有赤腹蝾螈的水中。在大自然中，林蛙与这种蝾螈是没有交往的。因而，在接触到蝾螈的气味后，林蛙卵依然故我、毫不恐慌。科学家把死蝌蚪的气味和蝾螈的气味混合了起来，结果接触到这两种气味的林蛙卵在孵化出来后，即便只闻到蝾螈气味，也会立即退避三舍。

生命之初的智慧是有利于动物生存的。对此，科学家们正在进行深入的研究。

章鱼的大智慧

章鱼虽然只是软体动物，但它们的智慧却不比哺乳动物逊色，甚至有过之而无不及。现今章鱼的大智慧，已成了人们津津乐道的话题。

美国西雅图水族馆是世界上研究章鱼的权威机构。这里聚集了世界顶尖的科学家，也云集了不同种类的章鱼。这个水族馆收养的章鱼个个都会恶作剧，无一例外地成了游戏高手。有个神出鬼没的家伙在夜深人静时悄悄地从栖身的水族箱里溜了出来，潜入其他展馆，在那里大肆吞食鱼类，然后神不知、鬼不觉地潜回自己的水族箱，还摆出一副若无其事的模样。然而，遗留在墙壁和地板上湿漉漉的痕迹，暴露了它的行踪。

这只章鱼用"借"来的两片壳保护自己

图片作者：Nick Hobgood

英国布莱顿水族馆里也生活着一群调皮的章鱼。每当晚上工作人员忘了关上水族箱里的灯时，有一只章鱼就会对着灯喷水，使其短路。还有一只章鱼曾试图通过水族馆的排水系统逃出去，它好像知道冲出去就是海洋。

动物学家曾做过一项有趣的实验：为章鱼提供一种美味——寄居蟹，

并故意在寄居蟹的背上放上一只带刺的海葵。章鱼蠢蠢欲动了，不过第一次被刺时它没有节节后退，而是想方设法除去讨厌的海葵，如向海葵喷水，从下面向海葵发起攻击，或者干脆用一条长腕把寄居蟹从壳里拽出来。

遇到蛤蜊时，章鱼也会显露出自己的"聪明才智"。为了品尝味美可口的蛤蜊大餐，章鱼会用嘴在蛤蜊的壳上钻一个洞，然后注射毒液，使蛤蜊停止心跳，或使它肌肉麻痹丧失闭壳能力，一下子成了章鱼的腹中之物。动物学家认为，在蛤蜊壳的许多地方钻洞是毫无用处的，显然钻洞的位置是它们后天摸索出来的。

章鱼不愧为高智商的无脊椎动物。也许，它们才是人类探索智慧起源的最佳对象。

最聪明的鹦鹉

2007 年 9 月 6 日，世界上最聪明的鹦鹉爱列克斯悄然离世。这使与它朝夕相处的美国女科学家爱伦·皮普伯格伤心欲绝，世界各地爱列克斯的粉丝们也痛悼不已。

1977 年，在芝加哥的一家宠物商店，爱伦与一只机灵的非洲灰鹦鹉不期而遇。那时，这只灰鹦鹉只有 13 个月大，喜欢不停地说话，尽管翻来覆去就是那么几句。爱伦把它买了下来，取名为"爱列克斯"，并开始对它进行训练和实验。

经过爱伦的训练，爱列克斯成了鸟类王国的明星，它懂得了人类语言的含

鹦鹉　图片作者：Riza Nugraha

义，并能巧妙地运用这些语言。爱列克斯的智商相当于一个五六岁的儿童，拥有 150 个单词的词汇量，能正确识别和说出 50 种物体的名称。不仅如此，它还认识并能说出红色、绿色、蓝色、灰色和黄色等 7 种颜色。

爱列克斯能与人对话，回答人们的一些问题。一旦感到不耐烦，它会故意答非所问。如果得罪了爱伦，它会懂得道歉。在去世前的那天晚上，爱伦同她心爱的鹦鹉有过一段颇有情趣的对话。这位女科学家像往常那样跟爱列克斯道了晚安。"你真好"爱列克斯说。"我爱你！""我也爱你！""你明天能来吗？""当然，我明天会来的。"爱伦为爱列克斯建了个网站。网站上出售印有它照片的咖啡杯和背包，吸引了众多的粉丝。

2006 年，在《新科学家》杂志一辑展望未来 50 年的文章中，爱伦曾表示，那时"我们将利用鸟类来理解人类语言的演化历程，将兴致勃勃地在动物之间进行交流"。非常可惜的是，这一天尚未到来，爱列克斯就已永远离开了这个世界。

会做生意的猴子

在南美洲亚马逊河流域的热带雨林，有一种奇特的小型猴子——僧面猴。因为这种猴子头上的毛发活像套上去的假发，因而它又称"假发猴"。在灵长类动物中，僧面猴的聪明程度仅次于黑猩猩，为此它有幸成了经济学家的研究对象。

美国耶鲁大学的研究人员发现，这种机灵的猴子很快就能学会把一种金属片当作货币，从研究人员那里"购买"苹果或黄瓜，而且懂得一点理财之道。研究者有意压低苹果的"定价"，也就是用相同数量的金属片能"买到"更多的苹果时，僧面猴就像精明的消费者那样：选择购买苹果，而不是黄瓜。可笑的是，贪财的僧面猴会动脑筋制造"假币"：把金属片藏起来，而用黄瓜片冒充金属片，向研究者"购买"食物。看来，僧面猴的脑袋里已有了金钱的概念。

僧面猴是一种生来就喜欢平等的动物。研究人员教这种猴子用小石块当"货币"来"购买"食物，并故意让两只僧面猴并排坐在一起，以便它们对彼此的交易情况都一清二楚。开始时，两只僧面猴从研究者那里"买到"的都是清一色的黄瓜。后来，一只猴子从研究者那里"买到"了更加美味的葡萄，有时甚至不必"付钱"也能轻易得到葡萄。

对此，另一只猴子感到愤愤不平，它会拒绝"交易"，还会怒气冲天地把当作"货币"

聪明的僧面猴知道怎么"省钱"
图片作者：Hans Hillewaert

的小石块或食物扔回给研究者，或者干脆不吃已"买来"的黄瓜，躲在一旁生闷气。看来，猴子会通过与同伙间的比较，了解和确定自己是否吃了亏，或遭遇了不公平的待遇。

众多实验表明，在涉及金钱和个人利益的问题上，人和猴子有许多相似之处。

动物左撇子

在动物世界中，左撇子并不少见。

英国贝尔法斯特女王大学的一个研究小组，在 2009 年的《动物行为》杂志上披露了他们以 42 只家猫为对象的一项实验。研究者让家猫完成简单的任务，如抓挂在眼前或放在地上的玩具老鼠时，它们常左爪和右爪一起抓，从不厚此薄彼。然而，在完成复杂的取食任务——从一个小口罐子里取出金枪鱼肉时，21 只雌猫中有 20 只都使用右爪，21 只雄猫中有 20 只习惯用左爪。由此看来，雌猫倾向于使用右爪，而雄猫则大多是左撇子。

纵观动物王国，包括哺乳类、鸟类、鱼类和无脊椎动物在内，几乎所有的

左撇子猫

图片作者：David Corby　图片加工：Arad

动物在执行一项任务时，都偏好使用一侧肢体、眼睛，甚至触角。英国动物学家对亚洲象作过一番观察，发现大象在进食或嬉戏时喜欢将长鼻子向左或向右摆，也就是说每一头象都偏爱左侧或右侧的肌肉和神经，这些庞然大物中也有左撇子。澳大利亚麦考瑞大学的研究人员观察了几百只鹦鹉后发现，有47%的鹦鹉在寻觅和抓取食物时，会使用左眼和左爪，它们是不折不扣的左撇子；33%的鹦鹉惯用右眼和右爪，成了右撇子；剩下20%的鹦鹉则左右开弓，左右眼和左右爪并用。

　　动物个体的偏好是由什么决定的呢？显然，这里有遗传的力量和环境因素的作用。澳大利亚新英格兰大学的女科学家莱斯利·罗杰斯通过研究揭示，在光照下孵育长大的小鸡大多用右眼寻找谷粒等食物，用左眼紧盯捕猎者；而在黑暗中孵育长大的小鸡则"手足无措"：不知该用哪只眼睛寻觅食物，哪只眼睛注视捕猎者，最终它们精力分散，很难盯住捕猎者，连寻找谷粒的能力也有所下降。看来，左右肢体和眼睛的分工，对动物的生存是有利的。

动物会做梦

　　人在睡觉的时候会做梦，动物睡觉时也会做梦吗？一些科学家兴致勃勃地对这一问题进行了研究。

　　巴西和美国的三位科学家测定了三趾树懒的脑电图，发现这种动物就会做梦。它做梦的时间大约为2个多小时，不过它是断断续续做梦的，持续时间是

8分钟左右。在动物世界中，三趾树懒还不是做梦的冠军，因为在松鼠、豪猪、袋鼠和犰狳等动物中，有的每天做梦的时间可长达五六个小时。

猫是会做梦的。法国生理学家诺夫用猫做了一个十分有趣的实验。他用化学和手术的

猫也会做梦

方法，抑制和阻断了猫脑中一个部位的神经细胞对运动神经细胞的控制。结果，这只猫梦见了什么，就会按照梦境去行动。人们根据它的所作所为，就可知道它梦中的情景。实验开始了，在熟睡中猫突然抬起头来，四处张望，接着站了起来，开始兜圈子，仿佛在寻找食物。忽然，它蜷起前爪，向假想的对手发起进攻。不一会儿，猫伏在地上，又一下子跃起，好像在捕捉老鼠。后来，诺夫把两只动过手术的猫放在一起进行观察。奇怪的是，这两只和睦相处的猫，在睡梦中竟然打起架来。为了证明猫的这些行动确实是在睡梦中做出的，他故意在猫的身旁撞击物品发出声响，甚至把老鼠丢在它的身边。可是，猫对这一切都无动于衷，它继续攻击着梦中的对手。

实验和研究结果表明，大部分爬虫都不会做梦，大多数鸟类只做短时间的梦，而各种哺乳动物都会做梦。至于动物为什么会做梦，目前还没有准确的答案。

热衷于全身按摩的树蛙

在阿根廷的查科沙漠地区生活着一种绿色树蛙。它们经常端坐在树枝上，认真而仔细地抚摸着全身各个部位，好像正在自我按摩一样。为什么这种动物如此热衷于做全身按摩呢？

动物学家经过一番观察和研究，才揭开了其中的秘密。原来，这种树蛙有

有些树蛙能用分泌物给自己"保湿"

图片作者：L. Shyamal

一种能分泌蜡状物的特殊腺体。它并不是在做全身按摩，而是用这种蜡状物涂抹全身各处。不一会儿，蜡状物干了，树蛙就像是用塑料制成的。要知道，蛙类的皮肤很薄，气体和水分容易渗入它们的体内，因而这类动物可通过皮肤进行呼吸和吸收水分。不过，水分既然得来全不费功夫，自然消失得也快。实验表明，绝大多数蛙类在离开水 5~10 个小时后，就会因逐渐脱水而一命呜呼。查科树蛙将蜡状物涂遍全身，可以避免体内水分的流失。

美国佛罗里达树蛙也有这种奇特的本领。它们身上的毒腺会分泌蜡状物，为自己上蜡。与热衷于全身按摩的查科树蛙不同，佛罗里达树蛙不在腹部涂抹蜡状物。难道这种树蛙不怕腹部水分的流失吗？不是的。它们会设法不让腹部裸露在空气中：在一处坐定后，会将四肢蜷缩起来紧贴身体，让腹部尽可能地贴在它们栖息的物体表面。

有些印度树蛙也会经过一番涂抹，尽量保住体内宝贵的水分。这类树蛙的黏液腺会分泌蜡状物，可惜这种蜡状物的质量不大理想，万一天气极为干燥，它们就只能溜之大吉，千方百计躲起来。印度树蛙常将地下洞穴当作藏身之处，有时它们干脆堂而皇之地出现在人们居住的房屋内。

会感冒的老鼠

在人类和黑猩猩等灵长类动物中，感冒是一种司空见惯的常见病。一个人如果鼻塞、流鼻涕或打喷嚏，他十有八九是患上了感冒。然而迄今为止，各种感冒药都只能缓解症状，对"治疗"感冒则无能为力。

以塞巴斯蒂安·约翰斯顿为首的英国伦敦帝国理工学院的科学家，把目光投向了动物界。他们发现，老鼠等动物与人类和黑猩猩等灵长类动物不同，竟然从不感冒。这是为什么呢？原来，人体呼吸系统的细胞有一种受体蛋白，对会引起感冒的鼻病毒缺乏抵抗力。老鼠身上虽然也有这种受体蛋白，但与人的略有不同，不容易感染鼻病毒。这就是老鼠从不感冒的原因。

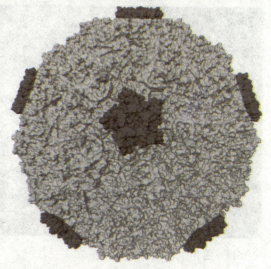

鼻病毒是人类感冒的罪魁祸首

发现了这一奥秘以后，约翰斯顿和他的同事们对老鼠的遗传基因作了一番改造，使它们的这种受体蛋白"摇身一变"，与人类的十分接近。这些老鼠成了鼠类世界的"另类"，它们在注射了鼻病毒后，与同伙们截然不同，破天荒地出现了感冒症状。世界上第一批能像人一样感冒的老鼠问世了。2008年2月4日，英国媒体报道了这一研究成果。

约翰斯顿认为，会感冒的老鼠将为人们开发和研制卓有成效的治感冒药物，提供一个重要的试验平台，有助于人类早日攻克感冒顽症。

猫鼬的"传道授业"

生活在南非喀拉哈里沙漠的猫鼬，堪称沙漠上的动物教育家。这种动物身材瘦小，有着深色的皮肤和长长的尾巴。它的眼睛周围有黑色圈纹，仿佛一年四季都戴着一副墨镜。

猫鼬是怎样教育后代掌握捕食本领的呢？一只母鼬带着两只尚未满月的小鼬钻出了地洞。它抓住一只蚱蜢，咬掉翅膀和硬壳，把嫩肉喂给小鼬吃。几天以后，母鼬带回一只奄奄一息的蚱蜢，把这只翅膀还在抖动的昆虫放在两只小鼬的面

小猫鼬 图片作者：Francis C. Franklin

前。小家伙们跃跃欲试，打算卸掉蚱蜢的硬壳，谁知一息尚存的蚱蜢突然拍动翅膀，仿佛试图夺路而逃。此时，母鼬立即上前，用爪子打掉蚱蜢的翅膀。见此情景，两只小鼬信心倍增，不一会儿就把蚱蜢收拾得服服帖帖，然后狼吞虎咽地吃下肚去。在这以后，母鼬开始把活蹦乱跳的蚱蜢带回家来。在母鼬关注的目光下，经过几次实战训练，小鼬就能成功地吃掉猎物了。由此看来，母鼬似乎深谙循序渐进、因材施教和鼓励诱导的教育之道。

小鼬慢慢长大了，母鼬会逐渐提高捕食的难度，让孩子们学会与各种猎物打交道，掌握战胜它们的法宝。母鼬先让年幼的猫鼬吃死蝎子，接着把受伤的蝎子放在面前，然后让它们与龇牙咧嘴的活蝎子拼搏。等到小猫鼬再长大一些，可以进食一些体型较大的哺乳动物时，母鼬会适时地将死老鼠带回家。在母鼬的耐心教育下，小猫鼬渐渐长大，体力和能力与时俱进。不用多长时间，掌握了格斗技巧的小猫鼬就已经能与活老鼠较量一番，并制服对手了。

动物眼中的动物

几乎所有的哺乳动物和鸟类都爱观察别的动物，看它们在做些什么。动物的这种观察能力，对于生存是非常重要的。

小动物是从观察开始学习谋生本领的。在非洲丛林里，幼小的猎豹往往躲在灌木丛中，认真观察母猎豹怎样潜行接近猎物，怎样突然跃起，怎样将猎物扑倒。然后，它便模仿妈妈的动作，在草地上演习一番。

对于偷食者来说，观察是必不可少的。在非洲草原上，斑鬣狗和非洲野狗观察的目标是空中的兀鹰。见到兀鹰向某处飞去，并从天而降时，斑鬣狗和野狗就会一跃而起，向兀鹰降落的方向飞快跑去。它们知道，兀鹰居高临下、目光锐利，这种猛禽发现的腐肉，也正是它们需要的。

小猎豹向妈妈学习谋生本领

捕食者常常会花很长时间观察它们将要捕捉的猎物。狮子在出击前，常躲在草丛中，长时间观察草原上的斑马和角马，仿佛是想从成百上千只食草动物中找出最容易得手的一只。猎豹的捕食对象是灵活的瞪羚，在出击之前，猎豹观察瞪羚的时间有时竟长达好几个小时。猎豹虽说是兽类世界赫赫有名的短跑冠军，可是它只能维持很短的一段时间。因此，它取胜的策略也建立在仔细观察上。

被捕食者同样需要观察捕食者。矮脚獴有很多天敌，其中有来自空中的鹰，也有来自地面的蛇、豺和鬣狗等。每当成年獴外出捕食时，总会留下一头獴负责照看幼獴。对于这头成年獴来说，观察四周的动静是首当其冲的任务。因而，它的脑袋一刻不停地旋转着，观望天空和周围的一切，警惕着来自空中和地面的各种天敌。

有奶便是娘

绝大部分鱼类、两栖爬行类和鸟类都不会分泌乳汁，这是很普通的常识。"有奶便是娘"对于这些动物并不适用。然而，在地球上出现哺乳动物以前，大自然确实尝试过为其他动物的子女提供母亲的乳汁。

有一种很普通的俄罗斯蜜蜂，会用颌下的特殊"乳腺"来养育幼蜂。不过，只有工蜂才有这种腺体。工蜂在出生后的第四天到第八天，这种腺体的分泌功

斑鸠能产生乳汁、喂养幼鸟

图片作者：Valentina Storti from Verona, Italia

能最旺盛。因而在此期间，工蜂要给蜜蜂大家庭充当"奶妈"。

白蚁和蚂蚁会用唾液喂养自己的虫卵。当然，这些卵既没有嘴，又没有胃。"奶妈"只能不断地舔这些卵，使富有营养的唾液通过外壳进入卵内，以便"小宝宝"健康成长。

在亚马逊河里有一种盘鱼，一个个都长得像烙饼似的。这种鱼靠自己体表分泌出来的一种黄色黏液来喂养孩子。刚孵出来的小鱼平静地躺在水生植物的叶子上，它们感到饿了，便团团围住自己的母亲，拼命舔食母亲身上的黏液。吃饱以后，它们就利用剩下的黏液紧贴在母亲身上，随着母亲周游四方。一段时间过后，小盘鱼慢慢长大了，便开始独立生活。

斑鸠是唯一能产生乳汁的鸟。这种鸟能为孩子提供一种白色的乳汁。实际上，这是从斑鸠嗉囊里分泌出来的一种经过半消化的乳状食物。雌雄斑鸠都能产生这种乳汁。需要喂奶时，老斑鸠便将乳汁吐到嘴里，让小鸟从它的嘴里吸食。有趣的是，斑鸠分泌乳汁是受脑垂体前叶产生的催乳激素控制的，这一点竟然与哺乳动物不谋而合。

喂奶是动物抚幼的重要环节。看来，"有奶便是娘"并不是哺乳动物和人类的专利。

只长一个脑袋好

飞禽走兽，爬虫游鱼，每个动物都有一个脑袋。动物没有头是不行的，然而，太多头也不行。在现实世界中，正常人和动物的脑袋都只有一个。

为什么动物只长一个脑袋呢？头脑是用来主宰和发号施令的，如果每个机体、系统都有两个"总司令"，那么整个机体和系统就会被弄得乱七八糟、无所适从。因此，动物即便有机会长出第二个脑袋，第一个脑袋肯定也会把随后生出的那个"镇压"下去，不让它长出来。

生物学家用水螅做了个实验。这是一种圆筒形的小动物，虽貌不惊人，却有着

水螅是一种生命力顽强的小动物
图片作者：Coveredinsevindust at en. wikipedia

魔术般的再生能力：你把它切成几个小段，每一小段都能长成一个小水螅。科学家把两个水螅结合起来——把从甲体上切下来的水螅"头"，移到乙体上去，结果甲体水螅的头失去头形，变成了平常的肌肉。科学家认为，这是因为乙体头部细胞时时刻刻都在向体内其他部位分泌一些生化物质，阻止其他细胞异化成为水螅的头。科学家设法阻止这种生化物质的传递，于是从别的水螅身上移植过来的头便复活了：出现了双头水螅。

由此看来，头是动物器官高度分化的产物。动物只长一个脑袋，是它们体内生理活动的需要，也是适应外界环境的必然结果。

"城里鸟"更聪明

最近，瑞典尤普撒拉大学的鸟类学家对瑞典和法国城乡的 82 种常见鸟类作了一番调查，结果发现，长时间生活在城市里的鸟儿，往往比长期栖息于乡下或野外的鸟儿聪明得多。鸟类学家们还别出心裁地推出了一份"鸟类智商排行榜"。其中，在城里生活的鸟类如乌鸦、喜鹊、麻雀等大多名列前茅；而最靠

在日本，乌鸦学会啄破垃圾袋找食物　图片作者：Chris Gladis

后的山鹑、北美鹑等，基本上出没于野外。

为什么"城里鸟"更聪明呢？研究表明，相对于乡下或野外环境而言，城市环境显得比较复杂，在那儿觅食和栖息的方式更加多样化，可能面临的威胁也层出不穷。于是，为了适应城市生活，并更好、更安全地生存下去，城里鸟的大脑逐渐变得越来越发达。

耐人寻味的是，城里鸟中笼养的和非笼养的智商也不同：通常后者要比前者略胜一筹。这里的道理是显而易见的：笼中鸟长时间养尊处优、"饭来张口"，既没有天敌的威胁，又无对手的竞争，时间一长大脑功能便渐渐退化了。

那么，城里鸟究竟有多聪明呢？鸟类学家搜集到的两个实例，颇能说明问题。

日本大阪的乌鸦善于向人类"借力"：它们往往把自己无法咬开的坚果，放在十字路口，然后躲起来，静观经过的车辆将坚果壳压碎，一旦大功告成，还会利用红绿灯和人行横道等交通规则，悠然自得地前去享受美味。

英国伦敦的家雀竟然会向牛奶订户学习。当送奶员将鲜奶放在订户门前时，这些叽叽喳喳的小鸟会仔细观察人们是怎么喝奶的，学会用喙啄开牛奶瓶上薄薄的金属箔，然后抢先一步，在主人取奶前"先喝为快"！

猫喝水的秘密

猫是怎样喝水的呢？如今真相已大白：猫喝水时姿态优雅，但它喝水的方式却出乎人们的意料。

启发科学家进行这项研究的是一只名叫库塔的澳洲黑猫。库塔的主人是施特克尔博士，他在麻省理工学院的工作就是研究一些与生物有关的问题。2007年的一天，施特克尔见库塔正在舔食早餐，一个想法在他的脑海中油然而生：能不能用实验来回答，猫是怎样解决水的动力学问题的。他联系上了一位流体力学专家和另外两位科学家，于是，一项关于"猫是怎么喝水的"研究就这样开始了。

研究者们用一台机器模仿猫的舌头，用一个带有活塞的玻璃圆盘代替舌尖，试图验证他们的观点。刚开始时，施特克尔和他的同伙们设想：猫的舌头上有粗糙的毛，能把水卷入口中。然而，实验无情地否定了这一设想。

猫的舌头　图片作者：Jennifer Leigh

　　经过 3 年多的研究，他们终于发现：猫在喝水时，会猛然伸出舌头，将舌头往下弯曲，使舌尖敏捷地触及水的表面，然后舌头快速向上提拉，拉起一股水；紧接着，重力超越水的冲力，水开始朝下掉落；猫的嘴在水被拉起并落下前闭合，最后把水咽下。这一发现，使这几位科学家异常兴奋。原来，猫是借助舔水完成喝水动作的。施特克尔等人还得出了一个公式：猫舔水的频率，与猫的体重减去 1/6 再乘以 4.6 相关。研究表明，猫的舌头移动速度是每秒 1 米，它在一秒钟里可以舔 4 次，每次可以喝到 0.1 毫升的水。猫舔水的速度非常快，此情此景，人眼根本无法捕捉到。这就是猫喝水的秘密至今才被揭开的原因。

遗传与变异

什么是遗传呢？"种豆得豆，种瓜得瓜"，是一种普遍的生命现象。你看，我们播下了冬瓜的种子，将来长出来的肯定是冬瓜，而不是南瓜、黄瓜或丝瓜。在动物世界中，猫生猫，狗生狗，猴子生猴子，老虎生下的必定是老虎。这种生命现象就叫遗传。具体地说，遗传是指后代和自己的父母相类似，并把这种类似一代一代传下去的现象。

什么是变异呢？"一娘生九子，九子各不同"，是另外一种有趣的生命现象——变异。这种同胞兄弟姐妹之间的差异，以及子女和父母之间的不同，就称为变异。环境相同而遗传不同时，会出现变异；遗传相同而环境不同时，也会产生变异。

如果没有遗传和变异，我们的世界将会变成什么样？要是大千世界没有遗传，就会"眼睛一眨，老母鸡变鸭"，整个世界顿时会乱了套。黑种人突然生下了白种人；今天你种下大豆，秋天收获的却是麦子；从孔雀蛋里不可思议地孵化出了一只小丹顶鹤……

如果生物世界只有遗传，而没有变异，那么在生命的舞台上，一切生物都会保持在刚出现时的原始状态。我们就见不到魁梧威武的现代马，而只能与身体弱小、其貌不扬的始祖马打交道；我们也无法欣赏到大象的雄姿，而只能对着猪那么大的始祖象叹息；我们也吃不到色、香、味俱全的各色瓜果蔬菜，而只能以野菜糊口；我们更无法观赏琳琅满目、千姿百态的花卉，而只能对着野花发呆……

不能没有遗传，也不能没有变异。正是遗传和变异，推动着生物的发展，使生物界日新月异、朝气蓬勃、气象万千。正是科学家对遗传与变异的深入研究，揭示了生物遗传的奥秘，使现代遗传学出现万紫千红的迷人景象。

孟德尔的故事

　　1822 年 7 月 22 日，奥地利一个贫寒的农民家庭里，降生了一个普通的男孩，他就是孟德尔。孟德尔从小聪明好学，早在小学读书时，便常在学校小花园里种花、栽树、养蜜蜂。

　　孟德尔少年和青年时历尽苦难。1843 年他无可奈何地走进了布吕恩（即现在捷克的布尔诺）的奥古斯丁修道院，在那儿成了一名修道士。1847 年，孟德尔被任命为神父。1851 年，29 岁的孟德尔到著名的维也纳大学读书。两年后，他回到了修道院。孟德尔酷爱科学，他发现修道院里有个长满花草的植物园。孟德尔一有时间就沉醉在那里，他种过豌豆、菜豆、玉米、紫茉莉、金鱼草和金莲花等植物。这位年轻人还喜欢养蜜蜂、饲养小白鼠和进行气象观测。

　　从 1856 年起，孟德尔在前辈修道士克拉谢尔的指导下，花了 8 年的时间，悄悄地进行豌豆的杂交试验。他用豌豆做实验，并非心血来潮。这是因为豌豆繁殖时有个特点，这种植物花瓣还没有张开时，雄蕊上的花粉就落到雌蕊上面，完成了授粉任务，而且花瓣裹得严严实实的，于是另一朵花的花粉便无机可乘了。也就是说，雌蕊不可能接到来自另一株豌豆的花粉。这样的品种通常称为纯种。此外，不同种豌豆还有一些容易辨认的特征。例如，有开紫花的，也有开白花的；有高茎的，

遗传学的奠基人——孟德尔

也有矮茎的；有圆形种子的，也有皱形种子的。再加上豌豆的花比较大，孟德尔可以用人工的办法拔除花中的雄蕊，给雌蕊送上另一朵花的花粉。就这样，他胸有成竹地开始了前人没有做过的这一杂交试验。

经过坚持不懈的探索，孟德尔终于从豌豆杂交试验中发现了遗传规律。1865年2月28日，头戴绸帽、身穿黑色修士长袍的孟德尔登上了布吕恩自然科学研究会的讲坛，宣讲了他发现的遗传规律。然而，人们似乎并不明白这一划时代的发现。此后，孟德尔把演讲内容写成长达45页的论文——《植物杂交试验》，发表在第二年的布吕恩自然科学会的会刊上，同样没有引起人们的关注。

1884年6月6日，孟德尔与世长辞了。他的科学发现在全世界120多个国家的图书馆中无人问津，足足沉睡了34年。当历史的时针指向1900年时，欧洲三位互不相识的植物学家：荷兰的德弗里斯、德国的科伦斯和奥地利的切尔马克，在总结自己的实验时都发现了生物的遗传规律。他们在查阅文献资料时，又不约而同地看到了34年前孟德尔的论文。于是，这三位植物学家分别发表文章，向全世界宣布：孟德尔的遗传定律被重新证实了。一门崭新的学科——遗传学问世了。孟德尔被人们誉为"遗传学的奠基人"。

少年袁隆平

袁隆平的祖籍江西德安，是江西北部一个山清水秀的小县城。那里丘陵起伏，气候温暖湿润，适宜于水稻、小麦和玉米等农作物的生长。

1930年袁隆平出生在一个知识分子家庭。他属马，在兄弟五个中排行第二。在长辈的眼中，这匹"小马驹"活泼好动。《西游记》是他小时候最喜爱的书，齐天大圣是他心目中的偶像。

有一次，"调皮"差一点要了他的命。他看到木匠钉钉时常把铁钉衔在嘴里，觉得很好玩，便模仿人家在嘴里衔着铁钉，并在地上翻筋斗。谁知一不小心，他把铁钉吞进了肚子里。为了救他，全家人绞尽脑汁，搞得手忙脚乱。

从读小学时起，少年袁隆平就十分好学、勤于思索。他利用课余时间，读了不少书本上学不到的东西，所以思维比其他同学活跃。有一天，老师在上课时讲牛顿的故事，说牛顿在家里养了一只大猫和一只小猫，为了让它们进出方便，

"杂交水稻之父"袁隆平

他在进家门的地方为大猫挖了一个大洞，为小猫挖了一个小洞。老师要同学们对此讨论。大家都说挖一个大洞就足够了，牛顿的做法是多此一举。袁隆平的看法却与众不同：牛顿的做法是正确的，如果两只猫从同一个洞里进屋，就会争吵打架。结果，袁隆平还没说完，大家就哄堂大笑起来。

少年袁隆平喜欢提问题。在初中的数学课上，老师在讲"有理数"的乘法法则时解释说："简单地讲，就是正数乘正数得正数，负数乘负数也得正数。"袁隆平感到不理解，便向老师请教："为什么负数乘负数会得正数？"老师没说出个所以然，只是说："你们只要记住这条运算法则就可以了。"这种刨根问底的精神，在袁隆平日后的科学研究中起了很大的作用。

1949年袁隆平高中毕业了。他想起了初中时参观过的园艺场，想起了奥秘无穷的大自然，觉得自己应该努力探索大自然的奥秘，为人类的文明进步作贡献。他决定报考农业院校。这一年的9月，袁隆平步入了重庆相辉农学院。在大学期间，他的主修专业是遗传育种学。这一选择，决定了袁隆平的人生轨迹，使他的人生具有传奇色彩，使他成了"杂交水稻之父"，成为了驰誉世界的中国科学家。

种豆得豆

俗话说："种豆得豆，种瓜得瓜"。这是人们从事农业活动中获得的知识。

你看，我们播下大豆的种子，长出来的总是大豆的植株，而不是冬瓜的植株；收获时得到的总是大豆的果实，而不是冬瓜的果实。反过来也一样：我们播下冬瓜的种子，长出来的不会是大豆的植株，而总是冬瓜的植株；收获的不会是大豆长长的荚果，而总是圆筒形的冬瓜果实。

同类植物也是如此。我们种下的是黄瓜种子，将来长出来的必定是黄瓜，而不是南瓜、丝瓜或西瓜。第二年，把新长成的黄瓜的种子种下去，长出来的仍然是黄瓜。

猴子的后代还是猴子　图片作者：Aiwok

"种豆得豆"是一种普遍的生命现象。在动物世界中，狗生狗，猫生猫，猴子生猴子，老虎生老虎。从鸭蛋里孵化出来的是小鸭，从鹅蛋里孵化出来的是小鹅。即便在肉眼看不见的微生物世界，也是这样。霉菌会使我们的食物和衣服发霉，但霉菌的后代仍然是霉菌，而不是其他真菌。引起艾滋病的罪魁祸首——艾滋病毒的后代，还是艾滋病毒，决不会变成流感病毒。这是必然无疑的。

这种生命现象就叫遗传。遗传是指后代和自己的父母相类似，并把这种类似一代一代传下去的现象。要是生物界没有遗传，就会"眼睛一眨，老母鸡变鸭"，整个世界顿时便乱了套。黄种人一会儿生下个白种人，而白种人又生下了黑种人；大腹便便的大胖子，竟然生下了骨瘦如柴的瘦儿子……今天你种下水稻，秋天收获的却是麦子。突然，从一只鸡蛋孵化出来一只小天鹅。这一切都会使人感到茫然，觉得手足无措。

为什么子女会跟父母相类似呢？究竟是什么力量使生物产生了遗传现象呢？几千年来这一直是个解不开的谜。一直到20世纪遗传学研究才揭开了这个谜底：原来，这是因为生物把遗传基因传给了后代的缘故。

会遗传的人体特征

不知道你有没有注意到：班上同学的相貌和身材，通常与他们的父母很相像，有时简直像是从一个模子里复制出来的。这就是遗传的作用。

科学家们经过一番研究发现，人体的许多特征都与遗传有关。

1. 身高。只有 30% 的主动权掌握在你的手中。具体地说，这 30% 来自后天环境的影响。决定你身高的因素，35% 来自父亲，35% 来自母亲。所以，如果父母双亲中有一方个子较矮，那么子女的身高往往偏矮。

2. 肤色。一般来说，肤色的遗传会遵循"相乘后再平均"的自然规律。例如，父母的皮肤都比较黑，就不会有白嫩肌肤的子女。倘若一方白，一方黑，那么子女便不白不黑，肤色是"中性"的。

3. 下巴。在这方面，遗传的作用是不容置疑的。假如父母任何一方长有突出的大下巴，那么子女便无一例外地拥有十分相像的下巴。

4. 双眼皮。通常，单眼皮者与双眼皮者结婚，子女极有可能是双眼皮。有时候孩子出生时是单眼皮，长大成人后就成了双眼皮。

5. 秃头。老天爷似乎偏爱女性，只把秃头传给男子。如果父亲是秃头，那么儿子有 50% 的机会是秃头。就连外祖父，也会把自己秃头的 25% 的概率，留给外孙们。

6. 青春痘。父母双方若得过青春痘，子女们的患病率就要比无家族史的高出 20 倍。

7. 肥胖。肥胖的体质是很容易遗传的。假如父母都很胖，那么子女有 53% 的机会成为大胖子。倘若一方肥胖，下一代便只有 40% 的可能成为胖子。

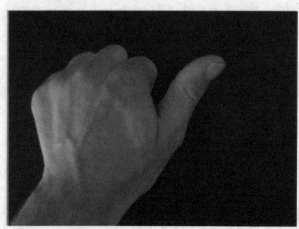

试试看，你的大拇指能向后弯曲超过 30 度吗？这是由基因决定的

图片作者：Michiel1972 from nl

8. 声音。一般，男孩子的声音像父亲，女孩子的声音像母亲。如果你觉得遗传下来的音质不太理想，那么可以通过后天的发音训练加以改善。

除此之外，父母还会把大眼睛、大耳垂、高鼻梁和长睫毛等五官特征遗传给子女。

生物的行为会遗传吗

燕子每年都要进行一次"长途旅行"。冬天，燕子南飞，到南洋群岛、印度和澳洲等地"避寒"，春暖花开的时节，它们又成群结队地北上，早春二月，它们飞到我国的广东，三月间到达福建、浙江和长江下游，在秦皇岛四月初可以见到它们的踪迹。

每年五月，在月圆以后，美国太平洋沿岸会出现一次最大的海潮，闪闪发光的银鱼，就是被一年一次的巨大海浪冲上海岸的。在海岸上，银鱼完成了传宗接代的任务后，又被海浪卷回大海。

在漫长的路途中，燕子是怎样判断方向的呢？莫非它们都受过导航技术的专门训练？为什么银鱼从不错过这一年一度的大好时机？它们这种惊人的记忆力是不是特殊培养的结果？研究表明，生物的这些行为是由上一代传给下一代的，这是遗传的作用。

为什么生物的行为会遗传呢？现已知道，生物的摄食、求偶、育儿和学习记忆等行为，都是由基因控制的，所以能代代相传。

大肠杆菌是人和动物肠道中数量最多的一种细菌。然而，这种普普通通的细菌，在遇上一些化合物时，会靠拢过去；而碰到另一些化合物时，又会马上避开。你千万别小看这两种反应，因为这里包括了化合物的识别、信号的输入以及用运动做出反应这样三个环节。科学研究已经揭示，大肠杆菌这些行为的每个环节都与一系列基因有关。

蜜蜂是人们比较熟悉的社会性昆虫，也是出色的动物舞蹈家。这些舞蹈

鸟类的迁徙行为与遗传息息相关

家的动作，不仅是蜜蜂向同伙报告哪里有花蜜的"通知单"，还是它们互相联络的重要方式。有趣的是，有一种蜜蜂的工蜂会打开巢室，将死去的幼虫和蛹丢到远处去，从而避免一种疾病的发生。要知道，这一行为是由两个基因控制的。

由此看来，生物的行为与遗传息息相关。

一娘生九子，九子各不同

一对父母生下来的所有孩子都一模一样吗？回答当然是否定的。他们可能在一些方面十分相像。例如，兄弟俩的嗓音都很浑厚，光听说话声，你很难分辨这是哥哥还是弟弟，但只要见个面，你就能轻而易举地认出来了。又比如，姐妹俩的背影都很美，而且投手举足都极相像，可是你从正面看过去，不费吹灰之力就可把她俩区分开。

通常，这种同胞兄弟姐妹之间的区别，以及子女和父母之间的不同，就称为变异。

为什么"一娘生九子，九子各不同"呢？这是因为同胞兄弟姐妹既不是父亲的拷贝，又不是母亲的复制品，他们是母亲的卵细胞和父亲的精子的结晶。具体地说，他们分别是由母亲在不同年龄提供的卵细胞，以及父亲在不同时期提供的精子结合成的受精卵发育而成的。这些受精卵各有自己的遗传基因，再加上不同的环境条件，他们自然会变得不一样了。

变异和遗传一样，都是生物的重要特征。如果我们的世界只有遗传，而没

图一  图二  图三

光是狗就有许许多多不同的品种，这是变异的功劳

图片作者：图一：Chris Barber；图二：Denhulde；图三：John Haslam

有变异,那么一切生物都会保持在30多亿年前的原始状态,根本不可能推陈出新,也不可能有生物的多样性。

如果动物世界没有变异,那么我们就见不到魁梧威武的现代马,而只能与身材弱小、其貌不扬的始祖马打交道;我们也无法欣赏大象的雄姿,而只能对着猪那么大的始祖象叹息;我们也无法赞美"沙漠之舟"——骆驼,而只能无可奈何地望着无法长途跋涉的始驼……

如果植物的世界没有变异,我们就吃不到香、糯、软的大米饭,而只能对着野生稻兴叹;我们便品尝不到色、香、味俱全的各色瓜果蔬菜,而只能以野菜糊口;我们更无法欣赏琳琅满目、千姿百态的菊花,而只能对着野菊花发呆……

我们不能没有遗传,也不能没有变异。正是遗传和变异,推动着生物的发展,使生物世界日新月异、朝气蓬勃、气象万千。

金鱼为何绚丽多姿

许多人都爱养金鱼。它们不光体色五彩缤纷,有黄、红、蓝、黑、紫、白等颜色,而且体型、鳞片、鳍条、眼睛、额头等部位也都千姿百态。每当人们看到玻璃缸里,体态优美的金鱼在清水绿草丛中上下沉浮、追逐嬉戏的时候,便会感到美不胜收,百看不厌。

现在的金鱼大约有几百个优良品种。它们千姿百态、各具特色。"五花丹凤"金鱼身披光彩夺目的"花衣衫";"老虎头"金鱼的头部犹如猛虎;"水泡眼"金鱼的两只透明大眼宛似两只气球;"红帽子"金鱼全身银光闪闪,头上戴着一顶宝石似的小红帽……

金鱼为何如此绚丽多

在人工培育下,金鱼出现了许许多多的品种

姿呢？据说，1 000多年前的北宋期间，浙江嘉兴的月波楼是我国民间最早饲养金鱼的地方。最早发现的金鱼，只是野生的红黄色鲫鱼。后来人们在饲养的鱼群中，偶然发现有极个别金鱼发生了"变异"，如头变大了，两眼向外凸出了，尾巴像剪刀那样分叉了，或者体色变得艳丽了……于是人们就把"变异"个体，精心挑选出来，让它们在适宜的环境中繁殖后代。而那些姿色平平的金鱼，便被淘汰了。以后，人们又在有"变异"的后代中继续挑选，让优良者不断繁殖后代。经过这样长时间的选种和培育，金鱼便从单尾变成双尾或三尾、四尾，从单色变成多种色彩，由正常眼变为突眼、翻眼、水泡眼，由正常头变为肉瘤头、蛤蟆头、老虎头等，体型也从扁形变成了圆形……就这样，绚丽多姿的各种金鱼相继出现了。

菊花为何千姿百态

　　菊花姿态高雅，花型秀美，色泽鲜艳，隐含清香，历来是人们喜爱的秋令佳卉。因而，每当秋高气爽的时候，我国许多大城市都会举办盛大的菊花展览。这时，参观者仿佛置身于菊花的海洋。那儿的菊花色彩迷人：不光有金黄色，还有雪白色、粉红色、玫瑰红色、紫红色和绿色的。那儿的菊花千姿百态：大的如碗，小的似豆；有的一枝独秀，有的一丛百朵，像满天繁星，像瀑布飞溅，似银河落地……使人百看不厌、流连忘返。

　　我国是菊花的故乡。然而，这一名花的祖先却是一种不起眼的黄花。据记载，

图一  　图二  　图三

菊花有很多品种
图片作者：图一：Satdeep gill；图二、图三：KENPEI

800多年前我国只有26种菊花，而如今已有2 000多种。菊花之所以这样五彩缤纷、千姿百态，并不是大自然的恩赐，而是3 000多年来人们有意识培养的结果。

例如，有时候，一棵黄菊花上突然开出了黄中带绿的菊花。这是一种变异。园艺工作者小心地把它剪了下来，扦插在土里进行培育。这植株长大后，花可能就是黄中带绿的了。后来，有人发现，这中间也许有一两朵花绿得十分可爱。就这样，通过选择和繁殖，通过变异和遗传，经过一代又一代，终于培育出了珍贵的绿菊花。

又比如，如果把红菊花的花粉，传授到白菊花中去，那么，它们杂交后代的花瓣可能会有红、白和粉红等颜色。这便是杂交育种。

在自然条件下培育新品种，毕竟费时又费力。现今，人们开始使用物理方法（如使用各种射线等）和化学方法（如使用秋水仙素等药剂），来处理菊花的枝条或种子，结果就像变魔术那样，使黄菊花开出了红花。这就是人工诱变的方法，这种方法能有效培育出菊花的新品种。

就这样，千百年来，人们采用自然和人工杂交以及人工诱变等方法，使菊花产生遗传变异的机会大大超出了其他花卉。于是，菊花的新品种琳琅满目、层出不穷了。

无籽西瓜的由来

西瓜是夏令消暑的佳品。它的老家在非洲热带地区，10世纪时从西域传入我国，因而称为西瓜。我国已培育出色、香、味、汁各有千秋的许多西瓜品种，但它们大多是有籽的。20世纪以来，经过科学家的精心培育，无籽西瓜出现了。这种西瓜汁多味甜，不用吐籽，非常受人欢迎。

有籽西瓜是怎么变成无籽西瓜的呢？原来，任何植物都是由细胞组成的。细胞在某个时期会出现容易被染料着色的棒状小体，这就是染色体。染色体是遗传的主要物质基础。现已知道，通常染色体是成双成对的，在遗传学上把含有两组染色体的生物叫做二倍体。例如，蚕豆是二倍体，烟草是二倍体，普通西瓜也是二倍体。同时，具有三组或四组染色体的生物，便被称为三倍体或四倍体。

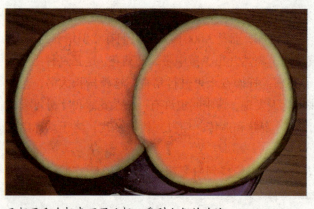

无籽西瓜吃起来不用吐籽，受到人们的欢迎

科学家用一种特殊物质——秋水仙素来处理普通西瓜，使西瓜的染色体加倍，变成四倍体西瓜。然后，用四倍体西瓜与普通二倍体西瓜杂交，产生的就是三倍体西瓜了。三倍体西瓜因为染色体不能配对，会造成花粉干瘪，无法形成种子，于是便成了无籽西瓜。

世界上第一个培养出无籽西瓜的是我国华南农学院的黄昌贤教授。20 世纪 30 年代末，他在美国留学，曾发表用植物激素产生无籽西瓜的报告，轰动了美国和欧洲。人们把他誉为"西瓜大师"。20 世纪 40 年代初，无籽西瓜在国际市场亮相，被有钱人当作最时髦的水果来品尝。20 世纪 40 年代末，日本人木原均研究了三倍体无籽西瓜，并大量用于生产，使日本无籽西瓜一阵风似地占领了国际市场。20 世纪 60 年代，中国台湾园艺学家郁宗雄培育的无籽西瓜挫败了日本，使中国的台湾西瓜称雄于世。现在，我国栽培的无籽西瓜在国际市场也占有一席之地。

"生命天书"会告诉我们什么

2003 年 4 月 14 日是人类历史上值得纪念的一天。因为这一天，被称为"生命天书"的人类基因组序列图，由美、英、德、法、日和中国科学家共同绘制完毕，并公布于众。至此，人类基因组计划的所有目标已全部实现。这是生命科学领域中的一座里程碑。

人类的基因组约含 2.5 万—4.5 万个基因。科学家把它比喻为一本百科全书，全书分为 23 章，每章代表一条染色体，而每一条染色体又包含上千或千余个基因的"故事"。这项生命科学中的"阿波罗登月计划"，就是要把这本无字"生命天书"，破译为有字"生命天书"。

科学家曾经生动地描述过这项工作的艰难性：这就像一个人徒步绕地球赤道一圈，还要与全世界每一个人都握一次手。难度可想而知。

　　那么，"生命天书"破译以后会告诉我们什么呢？研究表明，号称"万物之灵"的人类97%的基因，与黑猩猩的基因相同。世界上的白种人、黄种人和黑种人尽管体型、肤色和发色等各不相同，但基因上的差别却微乎其微，只不过千分之一。所以，破译"生命天书"有助于我们了解生命的构成、了解人类的进化和发展。在这里，"生命天书"成了人体由来的说明书。

　　在生物体内，基因决定着有关性状和行为。科学家预测，将来也许一个婴儿呱呱坠地时，只要法律允许、父母同意，就可以拿到一本新生儿的"生命天书"。这是刚来到人世间的婴儿的个人基因档案，上面"记录"着此人长大成人后：大约会长多高；体态是苗条匀称，还是大腹便便；会不会秃顶；会不会色盲；两眼是单眼皮，还是双眼皮；何时可能会得什么病，最后会因什么病而离世。

　　有的医学家认为，一旦我们揭示了"生命天书"的全部奥秘，知晓哪些基因会使手指长长、皮肤起皱、眼睛眨巴、记忆生成或歌声悦耳等，就能通过基因复制来设计和生产一个各方面都十分理想的婴儿。

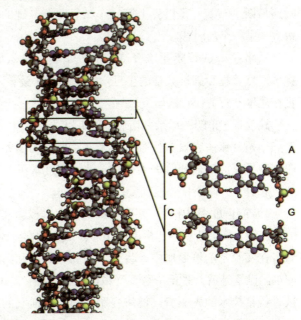

　　每个人的"生命天书"，也许将成为个人的基因身份证。你到世界各地银行存款或取款的时候，你到一家保密单位采访的时候，你奔波了一天回到自己家门前的时候，只要有了这张"身份证"，便可一切"通行无阻"。

　　掌握病人的"生命天书"将成为医生预测和诊疗疾病的前提。在这里，它又成了"个人医疗证"。因为人与人之间千分之一的基因差异，使人们在得同一种疾病时会有不同的

DNA是人类的遗传物质，上面写就了一本厚厚的"生命天书"
图片作者：Zephyris

表现，对同一种药会表现出不同的疗效。因此，了解这一基因差异，能帮助医生确定采用什么药物，以及采用多少剂量进行治疗。

破译"生命天书"给医学领域带来的革命性变化，远远不止这些。不久的将来，危害人类健康的 5 000 多种遗传病以及与遗传有密切关系的癌症、心血管疾病、关节炎、糖尿病、高血压、精神病等，都可以得到早期诊断和治疗。

到那时，人们不再是生了病再治疗，而是事先预测和预防，大多数疾病预先就可知道，能防病于未然。到那时，人们都能通过基因测试，知道自己应重点防治的疾病，吸烟者会得知每天只能抽几支烟，喝酒者会得知只能喝什么酒以及每天的饮酒量，"脂肪肝"患者会得知每天只能摄入多少脂肪……

试管婴儿

1978 年 7 月 25 日，一个普普通通而又意义非凡的婴儿呱呱坠地了。她名叫路易斯·布朗，是世界上第一个试管婴儿。她的诞生，标志着人类的生育技术进入了一个新时代。

从事这个试管婴儿培育工作的，是英国奥尔德姆医院的妇科医生帕特里克·斯特普托和剑桥大学的生理学家罗伯特·爱德华兹。从 1966 年起，他俩一直在从事不育替代疗法研究。

路易斯·布朗的母亲莱斯利·布朗和父亲约翰·布朗，来自英国的布里斯托，夫妇结婚 9 年一直没有怀孕。原来，莱斯利的输卵管被堵塞了，卵巢里排出的卵细胞无法经过输卵管进入子宫。他俩四处求医，却治愈无望。1976 年，夫妇俩鼓起勇气，向斯特普托和爱德华兹求助。

1977 年 11 月 10 日，莱斯利接受了人工授精实验。斯特普托借助一根纤长的腹腔镜，从莱斯利的卵巢内取出一个成熟的卵细胞，然后将之交给爱德华兹。后者在实验室的培养皿中，将莱斯利的卵细胞和约翰的精子混合起来。在确认卵细胞已受精后，爱德华兹将受精卵放在一种特制的溶液中。5 天以后，这两位试管授精技术的先驱者，便将胚胎移植到莱斯利的子宫里。整个怀孕期间，斯特普托对莱斯利进行了严密的观察。在离预产期只有 9 天时，莱斯利出现了妊娠高血压，斯特普托决定通过剖腹产提前取出婴儿。

1978 年 7 月 25 日深夜 11 时 47 分，一个女婴降临人间。这个女婴便是揭开人类辅助生育时代序幕的路易斯·布朗。但是，直至路易斯降生，整个医学界乃至全世界仍在观望，人们在猜测、在怀疑：世上第一个试管婴儿会不会是畸形儿，或是有基因缺陷的，或是不像人而像个怪物。然而，路易斯有一头金黄色的秀发，一双清澈的蓝眼睛，粉扑扑她哭声格外洪亮。事实表明，路易斯是个健康的婴儿。

当年大多数人不曾想到，路易斯的出世后来被作为 20 世纪的大事载入历史。令当年许多人更难想象的是，30 多年后，试管婴儿竟然成了人间寻常事。据监督辅助生殖技术国际委员会 2006 年 6 月发表的报告，随着试管授精技术的日益完善，全世界通过这一方式出生的婴儿已超过 300 万名。欧盟 2003 年公布的跟踪调查报告显示，这些试管婴儿和正常出生的孩子一样健康，在身体、智力、心理发育以及家庭关系和社交能力等方面都很正常。

这里，不妨回过头来看看布朗夫妇一家。1982 年，布朗夫妇再次借助试管授精技术，又添了个女儿娜塔莉。1999 年，娜塔莉自然受孕成功，生下了一个可爱的女孩，并因此成了世上第一位"试管婴儿母亲"。娜塔莉那位名扬天下的姐姐，也过着正常人的生活。路易斯在船运公司工作，任行政助理。2004 年 9 月 4 日，她与时年 34 岁的安保部门官员韦斯利·穆林德喜结连理。爱德华兹应邀出席了他俩的婚礼。2006 年 12 月 20 日，路易斯终于如愿以偿，自然受孕生下了一个健康的男婴。如今，他们一家三口过着幸福而甜蜜的生活。"试管婴儿之父"爱德华兹经过了三分之一个世纪的等待，在路易斯·布朗 32 岁时，即 2010 年，终于获得了诺贝尔生理学或医学奖。斯特普托于 1988 年去世了。她没能看到路易斯婚后的幸福生活，也没能与爱德华兹一起享受诺贝尔奖这一科学界的至高荣誉。

克隆羊是怎么回事

《西游记》中的孙悟空实在是神通广大。跟妖魔鬼怪斗法时，他只要从胁下拔出一根毫毛，放在嘴里一嚼，然后用口一吹，顷刻间满山遍野便都是与他一模一样的孙猴子。当然，这只是神话。但在今天生物学家的眼中，孙悟空的这种本领就是"克隆"。

生物学知识告诉我们，生物有两种繁殖方式：经过雌雄两性生殖细胞的结合产生的后代，叫有性繁殖；不经过两性生殖细胞的，是无性繁殖。"克隆"就是无性繁殖，或者通过无性繁殖产生一群一模一样的生物。

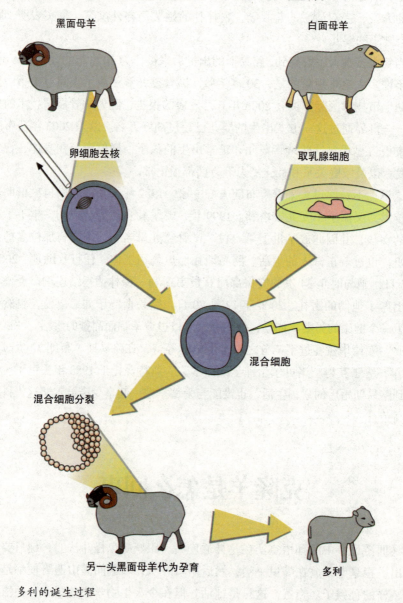

黑面母羊　　　　　　　　　　白面母羊

卵细胞去核　　　　　　　　　取乳腺细胞

混合细胞

混合细胞分裂

另一头黑面母羊代为孕育　　　　多利

多利的诞生过程

在当今世界，在哺乳动物无性繁殖方面，最引人注目的莫过于"克隆羊"多利了。多利是 1996 年 7 月在英国苏格兰爱丁堡的市郊呱呱坠地的，它没有父亲，却有着 3 个假母亲。多利是怎么产生的呢？英国罗斯林研究所以维尔穆特为首的科学家，首先从一头成年母绵羊的乳腺中，取出一个没有繁殖功能的体细胞，把这个细胞的细胞核分离了出来；接着，从第二头母绵羊身上取出未受精的卵细胞，将这个卵细胞的细胞核去掉，换上从第一头母绵羊乳腺细胞中分离出来的细胞核；然后，使这个已经"调包"的卵细胞发育成胚胎；最后，把胚胎移植到第三头母绵羊的子宫内，使它进行正常的胚胎发育，直到 148 天后，这头克隆羊多利降临这个世界。多利的遗传物质完全来自提供乳腺细胞的母羊，因而它不是这头母羊的后代，只是这头母羊的"复制品"。

1997 年 2 月，罗斯林研究所的科学家向世人公布了多利不平凡的身世。顿时，多利成为举世瞩目的大明星。这时，多利已有 7 个月大，它洁白如雪，顽皮可爱：一会儿在羊圈里蹦蹦跳跳，一会儿从饲养员的手中抢东西吃。可惜在它六岁半的时候，这头轰动世界的克隆羊就因为肺病离开了世界。

多利是世界上第一头用动物的体细胞无性繁殖出来的哺乳动物。它的诞生，开辟了哺乳动物无性繁殖的新时代，预示着人们可以利用动物成熟的体细胞，像拷贝磁带一样，大量复制遗传特性完全相同的哺乳动物。这不仅有着重大的科学意义和理论意义，而且在优良动物的繁育和生物医学等领域具有广泛的应用前景。

克隆人是怎么回事

近年来有关克隆人的消息频频传出，在世界上掀起了一阵又一阵的轩然大波。1998 年新年伊始，美国年近古稀的物理学家理查德·锡德公布了一个大胆的克隆人计划：他将率领一个研究小组在 3 个月内大张旗鼓地展开克隆人研究，并在 18 个月内成功地培育出第一个克隆人；随后，每年他将在美国克隆 500 人，几年后，全世界每年诞生的克隆人总数将达到 20 万……

克隆人是怎么产生的呢？如果科学家要为不育夫妇克隆孩子，那么他首先得从丈夫身上取出一个没有繁殖功能的体细胞，把这个细胞的细胞核分离出来；

接着，从妻子身上取出未受精的卵细胞，将这个卵细胞的细胞核去掉，换上从丈夫体细胞中分离出来的细胞核；然后，使这个已经"调包"的卵细胞发育成人体胚胎；最后，把胚胎移植到妻子的子宫内，使之进行正常的胚胎发育，直到"瓜熟蒂落"，呱呱坠地。因为婴儿的遗传物质完全来自父亲，所以他只是父亲的"复制品"。当然，用女子的体细胞进行克隆，也是可以的。

克隆人会与遗传物质提供者一模一样吗？要知道，科学家不可能百分之百地"克隆"人。因为人的意识、个性、脾气和感情等主要是在社会经历中形成的。可以设想，如果克隆出一个爱因斯坦，把他放在人烟稀少的山沟里，使他接受不到教育，没有学习和发展智力的机会，那么，他肯定成不了科学家。

不过，按目前的技术水平，克隆人胚胎的流产或畸变的比例很高，近年来克隆动物的成功率就很低。就拿举世闻名的克隆羊多利来说吧，科学家在克隆过程中共用了277个卵细胞，仅获得13个胚胎，最后只克隆出一个多利。因而，许多科学家认为，即使参加克隆人计划的妇女已有了身孕，到时候她也未必能成功地生下克隆人。

一些科学家为什么要克隆人呢？真的有必要大张旗鼓地去复制人吗？主张克隆人的科学家认为，这样可以为不育夫妇拥有后代创造条件。然而，为什么一定要用这样的方式呢？要知道，由此会带来一系列的问题：用丈夫或妻子的体细胞克隆出来的婴儿，究竟是丈夫或妻子自己，还是他或她的弟妹或后代？他在家庭里和社会上是什么角色？如果出现了克隆人，那么他的家庭关系和人际关系就会变得一团糟。也有人把培养出色人才、造福社会，作为克隆人的理由。但是，克隆人只是人体的复制。要是克隆人不断涌现，其结果就会丧失人的多样性，这对人类的前途是不利的。如果普天下的芸芸众生都成了理想之人，很可能一种病毒就会使全人类遭到灭顶之灾。

如今，绝大多数科学家都在谴责克隆人计划。许多国家的政府也已明确宣布：不准克隆人，违者将受到法律的制裁。

克隆动物知多少

1997年2月27日，克隆羊多利问世的消息从苏格兰传出后，全世界都轰动了。

刹那间，多利这头貌不惊人的绵羊，成了举世瞩目的大明星。与此同时，一股克隆动物的热潮席卷全球。

几天以后，美国《华盛顿邮报》马上发布消息，该国俄勒冈州灵长类研究中心的科研小组用恒河猴胚胎细胞克隆出来的两只猴子，已经

世界上第一个被克隆的哺乳动物多利
图片作者：Toni Barros

在 1996 年 8 月降临人世。这一消息传开后，并未引起轩然大波。因为中国科学家早在 1993 年用类似的方法——利用兔子胚胎的细胞，克隆出了 16 只兔子。

同年 12 月 19 日，多利之父——英国罗斯林研究所的科学家再接再厉，在美国《科学》杂志上宣布，他们又在世界上首次成功地克隆出两头含有人基因的绵羊，它们是多利的"姐妹"，分别被称为"莫利"和"波利"。与它们的"小姐妹"不同的是，莫利和波利是用绵羊胎儿的单个细胞培育而成，而多利是用成年细胞培育出来的。

一时间，在克隆动物的"舞台"上，各国科学家都大显神威。日本科学家从成年雌牛的输卵管和子宫内侧取出体细胞，将这些体细胞中的细胞核移到已去掉细胞核的卵细胞中，培养出了由 10 个细胞组成的胚胎。1997 年 11 月，科学家把这一"胚胎"一分为五，移植到 5 头母牛的子宫中。有趣的是，这 5 头母牛居然都当起了妈妈。第二年 5 月，其中一头母牛生下了两头克隆牛。

把克隆动物热推向高潮的，是 1998 年 7 月英国《自然》杂志披露的一项研究成果。这项引人注目的成果是由日本、英国、美国和意大利科学家组成的研究小组获得的。他们把棕色鼠的体细胞核移花接木放到了去核的黑鼠卵细胞中，再让白鼠代为怀孕。结果，白鼠生下了克隆鼠——棕色小鼠。此后，他们又用同样的方法克隆了第二代和第三代棕色小鼠。好家伙，这祖孙三代克隆鼠济济一堂，共 50 多只，显得热闹非凡。

近年来，在克隆动物的领域捷报频传，好戏连台。2000 年 3 月英国生化公

司向世人宣布：采用克隆羊多利的技术，已成功地获得了五头克隆猪。第一头出生的小母猪被称为"米利"，取自英文单词"新千年"的字首，表示这是进入新千年以后第一头被克隆的动物。随后问世的四头小母猪也一一被命名。

2003年，人们迎来了克隆动物的大丰收。这一年，克隆野牛、克隆野猫、克隆马和克隆鹿等先后登场，为克隆动物大家庭增添了不少新成员。

植物基因工程大放异彩

植物基因工程，就是人们有计划地将所需要的生物遗传基因，放到植物的细胞中，使之成为高产、优质、抗病等符合要求的作物。如今，植物基因工程领域已万紫千红、满园春色。它们正在一望无际的绿色田野上大放异彩。

你见过金灿灿的大米吗？瑞典科学家用基因工程的方法，在水稻细胞中添加了三种基因，使水稻的种子能产生胡萝卜素。因为胡萝卜素是金黄色的，于是培育出来的稻米也就变得金光闪闪了。这种金稻米不仅色泽悦目、能填饱肚子，还能给人带来健康。这是因为胡萝卜素进入人体后，会转化成维生素A，而维生素A是人体不可缺少的一种营养物质。

我们知道，大豆是一种富含蛋白质的食品。然而，在自然条件下，生产大豆需要一个季节的时间。能不能"多快好省"地生产大豆呢？日本科学家灵机一动，把大豆球蛋白基因放入大肠杆菌中。结果，这种大肠杆菌在短短三天里就生产出了大豆蛋白。

在许多国家马铃薯是不可或缺的重要食品。现今科学家用基因工程的方法，已培育

转入苏云金杆菌基因的花生叶片相比普通花生叶片，能更好地抵御病虫害

出淀粉含量很高的马铃薯。这种马铃薯油炸时不太吸油，能制作低脂肪的炸薯条。这对减肥的人来说，无疑是一个福音。

自古以来，病虫害一直是农业生产的大敌。据报道，19 世纪中叶，由真菌引起的马铃薯晚疫病，几乎把欧洲的马铃薯毁于一旦。到头来，以马铃薯为食物的 100 万人濒临死亡，200 万人背井离乡、四处流浪。于是千百年来培育抗病作物，成了人们的一种美好愿望。1986 年，美国科学家使这一愿望变成了现实：他们通过基因工程的途径培育出了抗病毒烟草。各国科学家由此得到启发，先后从玉米、番茄、烟草、水稻和甜菜等多种植物体内，分离出了 16 种不同的抗病基因。其中，有的抗病基因已被移入有关的农作物，在防治病虫害中大显威风。在植物基因工程的研究中，我国科学家也不甘落后。1990 年，不怕红铃虫等危害的棉花在神州大地上问世了。这种棉花在猖獗的害虫面前巍然挺立，依然挂着青青的枝叶、雪绒绒的毛。

使人感到不可思议的是，在我们蔚蓝色的星球上，居然出现了会闪闪发光的植物。为什么萤火虫在夏天的夜晚会发出光亮？现已查明，原来这种昆虫的体内有一种发光基因。科学家们把这种发光基因放到烟草、棉花、马铃薯和芹菜中，这么一来，这些植物在苍茫夜色中竟然也能发出蓝色荧光。美国科学家别出心裁地设想：把发光基因转入夹竹桃，以便培育出会发光的夹竹桃。如果有朝一日，能用发光夹竹桃替代花园幽径的光源，将为温馨的夜晚增添浪漫的情调。